中学教育师范技能提升系列教材
黔南民族师范学院教材出版基金资助

中学生物
教师职业技能训练

ZHONGXUE SHENGWU JIAOSHI
ZHIYE JINENG XUNLIAN

主　编　李玉红　李　静
副主编　陈世军　赵立军　刘　洋
参　编　付友琼　杨　波　熊洪林　崔宝禄
　　　　陈　菊　余彭娜

ZHONGXUE JIAOYU SHIFAN
JINENG TISHENG XILIE JIAOCAI

西南大学出版社
国家一级出版社　全国百佳图书出版单位

图书在版编目(CIP)数据

中学生物教师职业技能训练 / 李玉红, 李静主编. -- 重庆：西南大学出版社, 2023.11
ISBN 978-7-5697-1666-5

Ⅰ.①中… Ⅱ.①李… ②李… Ⅲ.①生物课—教学研究—中学—师资培训—教材 Ⅳ.①G633.912

中国版本图书馆CIP数据核字(2022)第189505号

中学生物教师职业技能训练
ZHONGXUE SHENGWU JIAOSHI ZHIYE JINENG XUNLIAN

李玉红　李　静　主　编

策　　　划：	杨　毅　杨景罡　翟腾飞
责任编辑：	翟腾飞
责任校对：	熊家艳
书籍设计：	○起源
排　　版：	吴秀琴
出版发行：	西南大学出版社
	地址：重庆市北碚区天生路2号
	邮编：400715
	市场营销部电话：023-68868624
印　　刷：	重庆天旭印务有限责任公司
幅面尺寸：	185 mm × 260 mm
印　　张：	15.75
字　　数：	312千字
版　　次：	2023年11月　第1版
印　　次：	2023年11月　第1次印刷
书　　号：	ISBN 978-7-5697-1666-5
定　　价：	49.00元

中学教育师范技能提升系列教材编委会

主　任：石云辉

副主任：李泽平　翁庆北

委　员：（按姓氏笔画为序排列）

王　锋	毛海立	文　静	文　毅	孔令林
许玉凤	李玉红	杨　荣	杨　娟	肖洪云
吴进友	吴现荣	张小伟	张学义	陈　钧
陈世军	陈佳湘	林小平	罗元辉	周旭东
屈　维	胡向红	钟雪莲	姚志辉	袁吉萍
唐世农	黄　玲	崔宝禄	彭　凯	谢治州

总 序

新中国历经了由教育弱国到教育大国的发展之路,而今正处在迈进教育强国的伟大征程中。随着中国特色社会主义进入新时代,我国教育发展的基本矛盾已发生重要转变,即从"人人能上学"转向"人人上好学"的需求,反映出人民群众对发展高质量教育的强烈呼唤。可以说,加快发展中国特色世界先进水平的优质教育,已是迫在眉睫的时代重任。

要建设高质量教育体系,关键在教师。习近平总书记指出,教师是人类灵魂的工程师,是人类文明的传承者,承载着传播知识、传播思想、传播真理,塑造灵魂、塑造生命、塑造新人的时代重任。教师是教育发展的第一资源,是国家富强、民族振兴、人民幸福的重要基石。《中共中央 国务院关于全面深化新时代教师队伍建设改革的意见》提出,到2035年,教师综合素质、专业化水平和创新能力大幅提升,培养造就数以百万计的骨干教师、数以十万计的卓越教师、数以万计的教育家型教师。教育部等八部门联合印发的《新时代基础教育强师计划》也提出,到2035年,适应教育现代化和建成教育强国要求,构建开放、协同、联动的高水平教师教育体系,建立完善的教师专业发展机制,教师数量和质量基本满足基础教育发展需求,教师队伍整体素质和教育教学水平明显提升。

众所周知,高质量教育的核心是人才培养,人才培养的核心是课程,课程体系建设深刻影响着教育质量的发展与走向。因此,教师教育课程关系到未来教师的培养质量,是教师教育改革和发展的关键所在。当前,我国教师教育课程改革的目标和方向,就是要贯彻落实教育部颁布的《教师教育课程标准(试行)》和"师范生教师职业能力标准(试行)",围绕有理想信念、有道德情操、有扎实学识、有仁爱之心的好老师培养,突出师德师风第一标准,着力培养师范生的师德践行能力、教学实践能力、综合育人能力和自主发展能力,引导广大教师以德立身、以德立学、以德施教、以德育德,坚持教书和育人相统一、言传和身教相统一、潜心问道和关注社会相统一、学术自由和学术规范相统一,全心全意做学生锤炼品格、学习知识、创新思维、奉献祖国的引路人,加快推进教育与现代化相匹配的教书育人能力素质提升。

黔南民族师范学院紧扣教师教育发展的趋势和教师教育课程改革的时代要求,坚持"学生中心、产出导向、持续改进"的师范专业认证理念,突出师范性、民族性、地方性和应用型的办学定位,组织编写了中学教育师范技能提升系列教材,供高等院校中学教育师范生以及中学教师使用。这套教材有不少探索和创新之处,突出了以下几个特点:

第一，坚持育人导向。在教材编写过程中，基于专业课教学逻辑，通过名人名言、案例等充分挖掘思想政治教育课程资源或有机融入社会主义核心价值观，如中国传统文化、爱国精神、爱岗敬业精神等，培养德智体美劳全面发展的新时代卓越教师，切实贯彻落实立德树人根本任务。

第二，紧扣标准要求。根据教育部颁布的《教师教育课程标准(试行)》和《中学教师专业标准(试行)》，结合新修订的《义务教育课程方案和课程标准(2022年版)》等文件，对教材内容进行整体规划和设计，压实学科基础，体现科学性与先进性，力求符合新时代教师教育的实际需要。

第三，强化实践导向。根据西部地区基础教育的实际情况，对接中学教师职业岗位实际需要，从培养全面发展的学生角度出发，将教材编写的立足点放在中学教育的全过程、职前职后一体化培养，打通理论学习与岗位实践之间的壁垒，着力培养师范生的实践智慧。

第四，突出能力培养。针对传统师范教育普遍存在的重理论、轻实践问题，教材围绕师范生的师德践行能力、教学实践能力、综合育人能力和自主发展能力进行培养，突出对学生综合实践能力和创新能力的培养，特别是教师口语表达能力、组织管理能力、书写能力以及情绪调节能力等教师岗位必备的基本能力。因此，在编写过程中，特别注意采用最新实践案例，强化技能训练。

第五，注重融合拓展。在教材编写的过程中，编者特别关注不同教材内容之间的连续性、系统性，既有区分，又有融合。与此同时，注意统筹考虑配套数字化课程资源，将教材分析、教案编写、课件制作、示范课录制等数字化资源建设同步推进，丰富教材内容，强化拓展性。

总之，这套系列教材涵盖了语文、数学、政治、英语、历史、地理、物理、化学、生物、美术、音乐等十一个学科，包括教育与活动指导和职业技能训练两大类别，具有一定的开拓性，是教师教育课程改革领域里的可贵探索。

2022年6月12日

靳玉乐，二级教授、博士生导师，西南大学原党委常委、副校长，现任深圳大学教育学部主任，中国教育学会教育学分会副理事长，中国高等教育学会常务理事。

前 言

党的二十大要求培养高素质教师队伍。《中学教育专业师范生教师职业能力标准(试行)》指出,教师要能够在教育实践中,结合课程特点,挖掘课程思想政治教育资源,将知识学习、能力发展与品德养成相结合,合理设计育人目标、主题和内容,有机开展养成教育,进行综合素质评价,体现教书与育人的统一。《普通高等学校师范类专业认证实施办法(暂行)》也对高等师范院校中学教师教育提出了更高层次的要求,随之学校人才培养方案也进行了不断的修订完善,以培养更高素质的师范毕业生。

在《教师教育课程标准(试行)》和《中学教育专业师范生教师职业能力标准(试行)》指导下,坚持立德树人根本任务,围绕培养扎根民族地区高素质基础教育师资,我们编写了满足生物科学专业(师范)学生实践训练的《中学生物教师职业技能训练》一书,以提高师范生教育教学水平,为民族地区中学输送具有较高教学专业技能水平的优秀新教师。

该书总共有十六章,囊括了生物科学专业师范生所应该掌握的教育教学技能,不仅涵盖了以课堂教学为中心的相关技能,如课堂上常用到的导入、讲解、提问、板书等技能,还拓展到了课堂教学技能以外的技能,如教学设计技能、听课评课技能、说课技能等。同时,也为学生提供了大量来源于民族地区中学生物教学的真实案例,便于新教师学习和借鉴。该书还提供了师范生技能水平训练的要求和标准,让师范生在进行技能训练时目标更明确,避免盲目训练。

教材是在学校的支持下,由高校与中学一线教师通力合作而完成的。教材中的案例由中学教师付友琼、杨波,以及担任过中学班主任的赵立军负责,最后校稿、审定由所有编委共同讨论完成。

本书在编写过程中参考借鉴了众多学者的研究成果、中学教师的成功教学案例,以及网络上的资源,在此对作者一并表示感谢。由于编者水平有限,书中可能存在不当之处,恳请读者批评指正。

目 录
MU LU

第一章 中学生物学教师与职业技能	001
第一节 中学生物学教师及专业标准	001
第二节 中学教师职业技能	006

第二章 教学技能概述	009
第一节 教学技能的含义、特点、功能	009
第二节 教学技能训练	015

第三章 微格教学	021
第一节 微格教学概述	021
第二节 微格教室介绍	026

第四章 教学设计技能	030
第一节 认识教学设计	030
第二节 教学设计技能案例及分析	044
第三节 技能训练和操作	052

第五章 教学语言技能	054
第一节 认识教学语言	054
第二节 教学语言技能案例及分析	061
第三节 技能训练和操作	062

第六章　导入技能　　064
第一节　认识导入　　064
第二节　导入技能案例及分析　　073
第三节　技能训练和操作　　081

第七章　讲解技能　　083
第一节　认识讲解　　083
第二节　讲解技能案例及分析　　090
第三节　技能训练和操作　　095

第八章　课堂提问技能　　097
第一节　认识课堂提问　　097
第二节　课堂提问技能案例及分析　　107
第三节　技能训练和操作　　110

第九章　演示技能　　113
第一节　认识演示　　113
第二节　演示技能案例及分析　　120
第三节　技能训练和操作　　121

第十章　板书技能　　124
第一节　认识板书　　124
第二节　板书技能案例及分析　　133
第三节　技能训练和操作　　138

第十一章　课堂组织管理技能　　140
第一节　认识课堂组织管理　　140
第二节　课堂组织管理技能案例及分析　　146
第三节　技能训练和操作　　148

第十二章　课堂体态语技能　151
第一节　认识课堂体态语　151
第二节　技能训练和操作　162

第十三章　结束技能　164
第一节　认识结束　164
第二节　结束技能案例及分析　170
第三节　技能训练和操作　172

第十四章　听课与评课技能　175
第一节　认识听课与评课　175
第二节　听课与评课技能案例及分析　185
第三节　技能训练和操作　186

第十五章　说课技能　189
第一节　认识说课　189
第二节　说课技能案例及分析　199
第三节　技能训练和操作　204

第十六章　班主任工作日常管理　207
第一节　班主任工作　207
第二节　班主任日常管理　218
第三节　班主任责任心和要求　227
第四节　班主任工作训练和操作　231

参考文献　237

第一章　中学生物学教师与职业技能

本章学习目标：1.清楚中学教师专业标准。
2.说出中学生物学教师应具备的职业技能。

第一节　中学生物学教师及专业标准

教师是人类社会最古老的职业之一，教师的职责是教书育人，是人类文化科学知识的继承者和传播者，又是学生智力的开发者和个性的塑造者。因此，人们把"人类灵魂的工程师"的崇高称号给予人民教师。中学生物学教师是教师中的一员，同样应具备高尚的思想品德，热爱教育事业的情操；较渊博的文化科学知识；良好的课堂教学素质；吸收科学信息和更新知识的能力等。因此，教育部以教师[2012]1号文件印发了《中学教师专业标准（试行）》（以下简称《专业标准》），该标准是中学教师实施教育教学行为的基本规范，是引领教师专业发展的基本准则，是教师培养、准入、培训、考核等工作的重要依据。

一、基本理念

（一）师德为先

热爱中学教育事业，具有职业理想，践行社会主义核心价值体系，履行教师职业道德规范，依法执教。关爱中学生，尊重中学生人格，富有爱心、责任心、耐心和细心；为人师表，教书育人，自尊自律，以人格魅力和学识魅力教育感染中学生，做中学生健康成长的指导者和引路人。

（二）学生为本

尊重中学生权益,以中学生为主体,充分调动和发挥中学生的主动性;遵循中学生身心发展特点和教育教学规律,提供适合的教育,促进中学生生动活泼学习、健康快乐成长,全面而有个性地发展。

（三）能力为重

把学科知识、教育理论与教育实践相结合,突出教书育人实践能力;研究中学生,遵循中学生成长规律,提升教育教学专业化水平;坚持实践、反思、再实践、再反思,不断提高专业能力。

（四）终身学习

学习先进中学教育理论,了解国内外中学教育改革与发展的经验和做法;优化知识结构,提高文化素养;具有终身学习与持续发展的意识和能力,做终身学习的典范。

二、基本内容

表1-1 《中学教师专业标准(试行)》基本内容

维度	领域	基本要求
专业理念与师德	（一）职业理解与认识	1.贯彻党和国家教育方针政策,遵守教育法律法规。 2.理解中学教育工作的意义,热爱中学教育事业,具有职业理想和敬业精神。 3.认同中学教师的专业性和独特性,注重自身专业发展。 4.具有良好职业道德修养,为人师表。 5.具有团队合作精神,积极开展协作与交流。
	（二）对学生的态度与行为	6.关爱中学生,重视中学生身心健康发展,保护中学生生命安全。 7.尊重中学生独立人格,维护中学生合法权益,平等对待每一位中学生。不讽刺、挖苦、歧视中学生,不体罚或变相体罚中学生。 8.尊重个体差异,主动了解和满足中学生的不同需要。 9.信任中学生,积极创造条件,促进中学生的自主发展。

续表

维度	领域	基本要求
专业理念与师德	(三)教育教学的态度与行为	10.树立育人为本、德育为先的理念,将中学生的知识学习、能力发展与品德养成相结合,重视中学生的全面发展。 11.尊重教育规律和中学生身心发展规律,为每一个中学生提供适合的教育。 12.激发中学生的求知欲和好奇心,培养中学生学习兴趣和爱好,营造自由探索、勇于创新的氛围。 13.引导中学生自主学习、自强自立,培养良好的思维习惯和适应社会的能力。 14.尊重和发挥好共青团、少先队组织的教育引导作用。
	(四)个人修养与行为	15.富有爱心、责任心、耐心和细心。 16.乐观向上、热情开朗、有亲和力。 17.善于自我调节情绪,保持平和心态。 18.勤于学习,不断进取。 19.衣着整洁得体,语言规范健康,举止文明礼貌。
专业知识	(五)教育知识	20.掌握中学教育的基本原理和主要方法。 21.掌握班级、共青团、少先队建设与管理的原则与方法。 22.掌握教育心理学的基本原理和方法,了解中学生身心发展的一般规律与特点。 23.了解中学生世界观、人生观、价值观形成的过程及其教育方法。 24.了解中学生思维能力与创新能力和实践能力发展的过程与特点。 25.了解中学生群体文化特点与行为方式。
	(六)学科知识	26.理解所教学科的知识体系、基本思想与方法。 27.掌握所教学科内容的基本知识、基本原理与技能。 28.了解所教学科与其他学科的联系。 29.了解所教学科与社会实践及共青团、少先队活动的联系。
	(七)学科教学知识	30.掌握所教学科课程标准。 31.掌握所教学科课程资源开发与校本课程开发的主要方法与策略。 32.了解中学生在学习具体学科内容时的认知特点。 33.掌握针对具体学科内容进行教学和研究性学习的方法与策略。

续表

维度	领域	基本要求
专业知识	(八)通识性知识	34.具有相应的自然科学和人文社会科学知识。 35.了解中国教育基本情况。 36.具有相应的艺术欣赏与表现知识。 37.具有适应教育内容、教学手段和方法现代化的信息技术知识。
专业能力	(九)教学设计	38.科学设计教学目标和教学计划。 39.合理利用教学资源和方法设计教学过程。 40.引导和帮助中学生设计个性化的学习计划。
	(十)教学实施	41.营造良好的学习环境与氛围,激发与保护中学生的学习兴趣。 42.通过启发式、探究式、讨论式、参与式等多种方式,有效实施教学。 43.有效调控教学过程,合理处理课堂偶发事件。 44.引发中学生独立思考和主动探究,发展学生创新能力。 45.发挥好共青团、少先队组织生活、集体活动、信息传播等教育功能。 46.将现代教育技术手段整合应用到教学中。
	(十一)班级管理与教育活动	47.建立良好的师生关系,帮助中学生建立良好的同伴关系。 48.注重结合学科教学进行育人活动。 49.根据中学生世界观、人生观、价值观形成的特点,有针对性地组织开展德育活动。 50.针对中学生青春期生理和心理发展特点,有针对性地组织开展有益身心健康发展的教育活动。 51.指导学生理想、心理、学业等多方面发展。 52.有效管理和开展班级、共青团、少先队活动。 53.妥善应对突发事件。
	(十二)教育教学评价	54.利用评价工具,掌握多元评价方法,多视角、全过程评价学生发展。 55.引导学生进行自我评价。 56.自我评价教育教学效果,及时调整和改进教育教学工作。
	(十三)沟通与合作	57.了解中学生,平等地与中学生进行沟通交流。 58.与同事合作交流,分享经验和资源,共同发展。 59.与家长进行有效沟通合作,共同促进中学生发展。 60.协助中学与社区建立合作互助的良好关系。

续表

维度	领域	基本要求
专业能力	(十四)反思与发展	61.主动收集分析相关信息,不断进行反思,改进教育教学工作。 62.针对教育教学工作中的现实需要与问题,进行探索和研究。 63.制定专业发展规划,积极参加专业培训,不断提高自身专业素质。

三、实施建议

(1)各级教育行政部门要将《专业标准》作为中学教师队伍建设的基本依据。根据中学教育改革发展的需要,充分发挥《专业标准》引领和导向作用,深化教师教育改革,建立教师教育质量保障体系,不断提高中学教师培养培训质量。制定中学教师准入标准,严把中学教师入口关;制定中学教师聘任(聘用)、考核、退出等管理制度,保障教师合法权益,形成科学有效的中学教师队伍管理和督导机制。

(2)开展中学教师教育的院校要将《专业标准》作为中学教师培养培训的主要依据。重视中学教师职业特点,加强中学教育学科和专业建设。完善中学教师培养培训方案,科学设置教师教育课程,改革教育教学方式;重视中学教师职业道德教育,重视社会实践和教育实习;加强从事中学教师教育的师资队伍建设,建立科学的质量评价制度。

(3)中学要将《专业标准》作为教师管理的重要依据。制定中学教师专业发展规划,注重教师职业理想与职业道德教育,增强教师育人的责任感与使命感;开展校本研修,促进教师专业发展;完善教师岗位职责和考核评价制度,健全中学绩效管理机制。

(4)中学教师要将《专业标准》作为自身专业发展的基本依据。制定自我专业发展规划,爱岗敬业,增强专业发展自觉性;大胆开展教育教学实践,不断创新;积极进行自我评价,主动参加教师培训和自主研修,逐步提升专业发展水平。

第二节　中学教师职业技能

一、中学教师职业技能内涵

中学教师职业技能是从事中学教师这一职业所必备的技能,是决定教师素质和人才培养质量的关键因素。中学教师职业技能训练对中学教师培养具有十分重要的意义。高等师范院校学生的教师职业技能训练内容包括普通话和口语表达、书写规范汉字和书面表达、教学工作、班主任工作等四部分。它是高等师范院校各师范专业的学生都应具备的,是学生必修的内容。

二、教师职业技能大致分类

(一)普通话和口语表达

普通话是标准的教师教学用语,是师范生必须掌握的一项技能。师范生是未来教师队伍的重要组成部分,有效提升师范生普通话水平是师范专业教学中一项重要的内容。与此同时,师范生良好的普通话表达能力也是其应该具备的基本素质,这有利于师范生与他人顺利地交流,也有利于其将来进入工作岗位后与同行教师和学生良好沟通。尤其对于民族地区院校的师范生,普通话水平达标和有效的口语表达尤为重要。

(二)书写规范汉字和书面表达

教师在教学过程中除了用语言与学生进行沟通交流以外,文字的书写仍然必不可少,如课堂上的板书、课后的作业批改等。因此,书写规范汉字、用文字准确传达意思是每一位即将进入教师岗位的师范生必不可少的职业技能。

(三)教学工作

对于教师而言,为学生传道授业解惑是教师的主要责任,也是教师教学工作的核心。教师的教学效果直接影响着学生知识结构的建立,影响着学生对知识掌握的程度和应用效果,也是决定教师教学水平的根本。即将踏入教师工作岗位的师范生要能较好地掌握各项教学基本技能,以应对复杂的教学情况。

(四)班主任工作

教师教书育人的对象是学生,教师除了教授学生知识外,还应该在课堂以外管理好学生,如了解班级学生的情况、组织管理好班集体、引领学生正确的发展方向、协调沟通好班级的各项日常工作等,这也是一位合格教师应该具备的职业技能。

三、有效提升师范专业学生教师职业技能

(一)普通话和口语表达的练习

教师的普通话水平不够高、口语表达能力不够强,可能会直接导致教学活动的失败。因此,师范生要在平时的学习中注重普通话和口语表达能力的练习。教师资格证考试中也已明确要求生物教师普通话水平应当达到国家语言文字工作委员会颁布的《普通话水平测试管理规定》二级乙等及以上标准。同时,在普通话和笔试均通过之后还要进行面试,这也是测试师范生口语表达是否达标的一种方式。

(二)教学基本技能的提高

教学基本技能,即课前的教学设计技能,课堂上的导入、提问、讲解、演示等教学技能,教学活动需要的听课评课技能、说课技能等。因此,各项教学技能的学习对于师范生尤为重要,同时还能培养学生各种学习、生活能力,树立学生正确的价值观。

(三)现代教育技术的融合

现代教育技术起源于20世纪30年代的美国,它是指运用现代教育理论和现代信息技术,通过对教与学的过程和资源的设计、开发、利用、管理和评价,以实现教学优化的理论和实践。现代教育技术的应用是当前课程教学的必然趋势,也是推进课程教学改革,实现有效教学的重要手段。师范生作为未来的教师应把现代教育技术熟练地运用于课堂教学之中,这是教育教学改革过程中对新教师提出的新要求。

(四)班级事务管理能力的增进

班级事务管理,即班主任工作,是每一位教师进入工作岗位后不可避免要开展的一项教师工作。教师班级事务管理的良好效果,对为班级创建良好的学习氛围,搭建舒适的学习生活环境,提高班级学生的学习积极性至关重要。因此,师范生应具备管理好班级各项事务的管理能力。

第二章 教学技能概述

本章学习目标：1.说出教学技能的概念。
            2.简述教学技能的功能、意义。
            3.清楚教学技能训练标准。

第一节 教学技能的含义、特点、功能

一、教学技能概述

（一）关于技能

"技能"一词指的是运用实践知识和经验进行有目标活动的能力。教育心理学上将技能定义为顺利完成某种任务，通过练习获得的一种活动方式或心智活动方式。《教育大辞典》认为技能是主体在已有的知识经验基础上，经过练习形成的执行某种任务的活动方式。

（二）教学技能的概念

教学技能是师范院校师范生必须掌握的职业技能，也是师范院校人才培养目标的重要组成部分。教师通过各种教学技能的综合运用，能有效解决教学过程中的各种教学问题，这有利于教师顺利完成教学任务，达成教学目标，从而提高教学质量。同样，教学技能是教师必备的基本素质、实施素质教育的基础，教师没有熟练的教学技能，再好的素质教育思想也难于在课堂教学中得到贯彻和体现。

目前，教学技能国内外还没有一个公认的概念，在国内出现比较多的说法是行为说，即教师在课堂教学中能够运用自己的专业知识以及教学理论实现提高学生学习质量的

一系列教学行为方式。除此之外,也有从活动方式说、结构说、知识说等方面对教学技能给予界定。这些说法都是从各自的角度对教学技能的一种侧面认识,有一定的局限性。在李克东主编的《教师职业技能训练教程》一书中,将教学技能界定为在课堂教学中教师运用专业知识及教学理论促进学生学习的一系列教学行为方式。该定义强调教学技能是一种行为方式。而在胡淑珍主编的《教学技能》一书中,将教学技能界定为通过练习运用一定知识和经验达成某种教学目标的能力。该定义强调教学技能是一种能力。我认为教学技能应该是在教学过程中既有行为呈现,又有能力体现的综合表现。

在定义教学技能时应该考虑教学技能的等级,即在教学初期经过模仿形成类似于他人的一种掌控课堂教学的能力,在教学后期经过长时间的实践经验积累和自己的总结,按照教学规律形成的并能够达到当前教学要求的高级教学技能。综上所述,教学技能是教师运用自己掌握的专业知识和教学理论知识并结合长期的实践经验形成的能够提高学生学习效果的教学方式。

二、教学技能的特征

教学技能作为富有创造性的教学活动,不仅具有一般职业技能的共同特征,而且具有很强的专业指向性。

(一)综合性

教学技能从结构上看是教与学技能的综合体现。教的技能体现在教师的表达、判断、组织、管理等方面。具体表现在:课堂教学过程中,教师对教学信息进行加工、处理、完善,通过语言在教学中表达出来,并根据学生在课堂上的学习表现判断其获取教学信息的情况,从而及时调整教学设计方案、组织教学内容、教学语言,以达到对整个教学课堂的掌控和管理,以实现教学目标。学的技能体现在学生的阅读、分析、理解、记忆等方面。具体表现在:学生在课堂教学之前对教材内容进行初步了解,课堂教学中,在教师的引导下理解和分析教材内容,有效消化和吸收新知识点,课堂教学之后能将新的知识固化进自己的知识体系中,从而获得教学知识,并实现对知识点的扩展和应用。

(二)内隐性

在复杂的教学活动中,大多数教学技能的运用是通过内部心理活动的智慧技能和自我调控技能来实现的,它们往往表现在对知识和信息的加工、改造上,具有内隐性。教师在教学过程中用到的有助于完成教学任务的方式方法,都属于教学中体现的教学能力,即教学技能。它是在教师内隐的心理活动调控下,在课堂教学中通过外显的行为动作体现出来,并借助一系列教学活动的变化来实施的,这也是教师对不同技能自主加工、整合的能力体现。

(三)智能性

教学技能的学习不是通过简单重复、模仿就可以掌握的,教学技能的获得要通过对教学信息的吸收、消化和反输出,是教师充分发挥主观能动性的结果,具有智能性。不同的教师使用统一确定的教材,根据自身掌握知识的水平和拥有的教学能力,对相同的教学信息进行自我消化和吸收后,最终呈现出不同的教学效果。更为优秀的教师,不仅看重教学信息,还对教学对象进行分析和研究,将教学信息有效传达给教学对象,并不断完善和改进自身的教学水平,这是智能性的体现。

(四)多样性

教学技能是一种有前提性假设、有演绎、有归纳的理论体系,是个体经验与群体经验、理论与实践相结合的产物,具有多样性。具体表现在,教学技能是教师通过长期教学工作经验的不断积累总结出来的,然而又不是教师个人经验的简单描述,而是在千百万教师教学工作经验的基础上,经过反复推敲、实践、总结、检验而形成的高度概括化、系统化的理论体系。

(五)练习的不可替代性

教学技能是通过多种条件、不同方式的练习逐步形成和熟练掌握的。练习是技能训练中不可缺少的环节。具体表现在:教学技能既是教师一种行为方式的呈现,又是一种行为能力的体现,最终目的是让教师教学目标的达成在课堂教学中展现出来。教师即使掌握了各项教学技能相关的知识内容,然而没有能将各项技能恰如其分地展现在课堂教学中也是枉然,常言道"熟能生巧"。教师为了能在课堂上有效运用教学技能,要对各项教学技能进行不断的练习,使之成为日常的教学习惯。

三、教学技能的分类

教学技能的分类在教师专业发展中至关重要。只有对教学技能进行科学、系统的分类,才有可能使教师专业发展更具有针对性。不同的教育学者对教学技能的分类有着不同的理解和认识。以下是几种具有代表性的教学技能分类方式:

美国斯坦福大学的艾伦(Dwight W. Allen)和瑞安(W.Eve)根据经验和对教师行为的分析,将教学技能分为14种:

(1)刺激多样化;(2)导入;(3)总结;(4)非语言性启发;(5)强调学生参与;(6)频繁提问;(7)探索性提问;(8)高水平提问;(9)分散性提问;(10)确认(辨析专注行为);(11)图解的范例应用;(12)运用材料;(14)有计划地重复;(15)交流的完整性。此种类型分类的提出促进了微格教学的产生,它体现了以行为为中心的分类模式。

英国特罗特在进行微格教学的研究和实践时,把在教学中能够观察、能够表现、能够实际量化分析并为教师所熟知的教学行为分为6种教学技能:

(1)变化的技能;(2)导入的技能;(3)强化的技能;(4)提问的技能;(5)例证的技能;(6)说明的技能。

日本东京学艺大学井上光洋将教学技能分为:

(1)教学设计技能;(2)课堂教学技能;(3)学校管理技能;(4)普通教学技能;(5)教学研究技能。

澳大利亚悉尼大学克利夫·特尼的十种教学技能分类:

(1)强化技能;(2)一般提问技能;(3)变化技能;(4)讲解技能;(5)导入与结束技能;(6)高层次提问技能;(7)课堂管理和组织技能;(8)小组讨论组织技能;(9)个别指导技能;(10)发现学习指导与创造力培养技能。

国家教委在1994年下发的《高等师范学校学生的教师职业技能训练大纲(试行)》中,把教学技能分为五类:

(1)教学设计技能;(2)使用教学媒体技能;(3)课堂教学技能;(4)组织和指导学科课外活动技能;(5)教学研究技能。在课堂教学技能中又设了9项基本技能,即导入技能、板书板画技能、演示技能、讲解技能、提问技能、反馈和强化技能、结束技能、组织教学技能、变化技能。

郭友在《教师教学技能》一书中将教学技能分为10种：

(1)导入技能；(2)教学语言技能；(3)板书技能；(4)教态变化技能；(5)教学演示技能；(6)讲解概念技能；(7)提问技能；(8)反馈强化技能；(9)结束技能；(10)组织教学的技能。

肖峰在《学会教学——课堂教学技能的理论与实践》一书中将教学技能分为3大类：

(1)教学之前(包括分析教学对象、设计目标、分析教学任务)；(2)教学之中(包括导入、奖惩、提问、刺激变化、策略、组织、管理、交流、媒体使用和结束)；(3)教学之后(包括评价、辅导)。

孟宪恺在《微格教学基本教程》一书中将教学技能分为10类：

(1)导入技能；(2)教学语言技能；(3)提问技能；(4)讲解技能；(5)变化技能；(6)强化技能；(7)演示技能；(8)板书技能；(9)结束技能；(10)课堂组织技能。

教师教学技能的呈现在教学过程中较为复杂，不同模式的分类都有各自存在的价值和合理的理由。综合上述分析，从不同教育教学研究者对课堂教学技能的基本分类中可以看出，不同的分类方法都包含了这7项基本的教学技能：

(1)导入技能；(2)讲解技能；(3)提问技能；(4)板书技能；(5)演示技能；(6)课堂组织管理技能；(7)结束技能。其中，讲解、提问、板书、演示这些技能都与课堂信息交流的形式相关，称之为基本教学技能。导入技能、结束技能、课堂组织技能对课堂教学信息的交流起着引导、调节控制与组织协调的作用，称之为调控教学过程的技能。这几项具体技能都是教师教学中常用的教学技能。

四、高等师范院校学生对教学技能的需求

早在1994年国家教委就颁布了《高等师范学校学生的教师职业技能训练大纲(试行)》，该大纲适用于高等师范学校，是对学生进行教师职业基本技能训练的依据。

对高等师范学校在校学生有目的、有计划地进行系统的教师职业技能训练，目的是引导学生将专业知识和教育学、心理学的理论与方法转化为具体从师任教的职业行为方式，并使之趋于规范化，对学生形成教育和教学能力、毕业后胜任教师工作都具有重要的作用。

中学教师是履行中学教育工作职责的专业人员，需要经过严格的培养与培训，需要具有良好的职业道德，掌握系统的专业知识和专业技能。

高等师范学校一直担负着培养各方面均合格的中学教师的职责。因此高等师范学校师范专业学生拥有较强的课堂教学技能非常必要。据相关统计,课堂教学的效果与教师教学技能掌握程度有直接的正相关关系。同时,教学设计的新颖性、课外实践活动开展的实效性等也均与教学技能有密切关系。

五、课堂教学技能的形成过程

教学技能是动作技能和心智活动构成的复合体,是通过不断练习而逐渐形成的,分为以下阶段:

(一)定向阶段

教师讲解及示范为学生学习起到定向作用。(教师讲解内容:每一项教学技能的概念、作用、类型、构成要素、实施原则和要求。)

(二)模仿阶段

受训者掌握教学技能的开始,将榜样的行为同化于己或者改变自己已有经验顺应于榜样。

(三)整合阶段

(技能形成的关键环节)通过多次练习和模仿,受训者将前一阶段获得的经验纳入个人的经验体系,使认知结构发生重组,使教学技能各要素之间形成动态联系。

(四)熟练阶段

该阶段教学技能趋于定型化、简约化、协调及完善化。受训者不必专注就能将一系列动作恰当而准确地完成。

六、教学技能研究的目的和意义

教学技能是教师素养中最基本、最重要的内容,熟练掌握一定的教学技能是一名合格教师必须具备的业务素养。进入21世纪,教师专业化的发展要求教师同医生、律师一样,成为一种专门职业,要胜任这种专门职业就要掌握一定的科学知识和进行专门的技能训练。

教学技能是构成教师专业素养的重要组成部分,它直接影响高师院校学生的就业和未来发展;影响着高师院校的社会地位。教学技能是教师发展的一个重要方面,对教学工作效果有着重要的影响。

第二节 教学技能训练

高等师范院校生物专业师范生培养方案中明确要求,各项教学技能对于每一位师范生而言,是必须研读的课程。教学技能是师范生进入教师岗位后,使用最为频繁的一项重要能力,也是师范生学习各门专业课的意义和价值实现的途径。然而,各项教学技能的学习不能局限于技能概念、类型、原则等理论上的掌握。技能本就是由技艺的掌握和能力提升这两部分组成。能力提升的根本途径离不开训练,所以,教学技能的学习应该重视平时的强化训练,将所学的理论知识升华为教育教学能力,为尽快地适应教师岗位,成为一名优秀教师打下坚实的基础。

一、教学技能训练的意义

教学技能是教师从业最基本和最重要的能力。教师教学技能提升最根本的途径即是技能训练,它是高等师范院校人才培养中必不可少和必须加强的环节,对教师而言意义深远。

(一)教学技能训练是师范院校学生学习的重要内容

高等师范院校最大特点就是师范性,其最终目标就是要培养出合格的教师,提升教师的教学能力。在师范生教学技能学习课程中强化技能训练,不仅突显师范院校学生的职业意识,而且更利于师范生从业能力的培养。因此,教学技能训练是师范生最为重要的一个训练内容。

(二)教学技能是教师从业的基本素养

高等师范院校师范生人才培养方案明确要求:师范生除了掌握相关的专业知识之外,还应特别注意掌握应用各项教学方法的能力,实现专业知识和教学能力齐头并进。因此,一方面师范生既要学习生物专业教师应该掌握的专业知识,另一方面还应通过教学技能训练掌握相应的教学技能。若师范生在学习生涯中缺乏教学技能的训练,漠视教学技能的价值和意义,即使专业课学得再好,也无法成为一个合格的教师。

二、教学技能训练的必要性

(一)课堂教学技能训练是适应教师专业化发展的需要

教师专业化是指教师在整个职业生涯中,通过专门训练和终身学习,逐步习得教育专业知识与技能,并在教育专业实践中不断提高自身的从教素质,从而成为教育专业工作者的专业成长过程。它既指教师通过职前培养,从一名新手逐渐成长为具备专业知识、专业技能和专业态度的成熟教师及其可持续的专业发展过程;也指教师职业整体从非专业职业、准专业职业向专业性职业进步的过程。

从目前教师教育的发展趋势来看,教师的专业化程度在不断提升。但也应该看到教师专业化主要以相关专业知识的理论学习为主,教育思想观念仍较为陈旧。在课堂教学中,教学技能的训练仍处于薄弱环节,这极大地妨碍了教师专业化的发展。要提高未来教师的专业化水平,必须从加强师范生课堂教学技能训练着手。

(二)课堂教学技能训练是提高教师教育素养的突破口

在高等师范院校课程改革要求下,教师教育素养的提高是高等师范院校师范生培养最根本的目标,然而目前的培养方案对课堂教学技能训练重视程度不够。随着课程改革的进一步深化、师范院校师范专业认证的铺开,学校对学生的培养必须加强教学技能训练。而且,课堂教学技能训练对于提高教师教育素养有巨大的实用价值和现实意义。

三、教学技能训练中存在的问题

针对目前高等师范院校所突显出来的困境,我们看到在教学技能训练中存在一些问题,影响了学生能力的提升。在教学技能训练中存在的这些问题应引起我们的高度重视,并应对其进行必要的分析。

(一)教学技能训练存在重理论,轻实践现象

理论与实践结合是培养能力的有效方法和途径,它可以大大减少能力训练中探索的弯路,提高教学技能训练的效率。目前,也许是受一贯的思维模式的影响,学生多注重理论课程的学习,最终目标即通过期末考试,没有认识到教学技能的本质应该是能力的提升,是要通过不断的实践练习才获得的。因而,在教学技能训练中,重理论、轻实践成了较为普遍的现象。

(二)教学技能训练缺少单个技能与多个技能的整体配合

教学技能所包含的内容十分丰富,它是由多项技能构成的一个技能整体,要把握这个整体,不仅要进行单个技能的不断练习,还应该注重各技能之间的有效配合和协调。因此,学生在进行教学技能训练时,应进行整体教学设计,除了考虑单个技能训练,还应重视各技能间的配合训练,以后教学时才能做到游刃有余。

(三)教学技能训练环境不够真实

师范生在学习中进行教学技能训练时,多为分小组后各自独立进行。一位同学在扮演"教师"的同时,其他小组成员充当"学生",因为"学生"积极有效的配合,"教师"的教学一般都会按部就班地进行,课堂氛围看似有活力,但很大程度上却是同学们积极配合后的假象。没有真实的中学生作为教学对象,就不能很好地引导学生,不能有效调控课堂,也不能照顾到学生的个体差异等。

(四)师范生在技能训练中不注重教学反思

教学反思是指在教学过程中通过教学内省、教学体验、教学监控等方式,辩证地否定主体的教学观念、教学经验、教学行为的一种积极的认知加工过程。其目的是改善教师的教学方法、教学理念,提高其自身的教学能力。然而,师范生在教学技能训练中仅注重训练能否在课堂上顺利完成教学,很少会在训练后反思教学中教学理论的渗入是否得当、教学技能的应用是否合理,教学过程应从哪些方面再进行改进等问题,这种状况很不利于课堂教学能力的提高。

四、教学技能训练的建议

教学技能训练是师范生踏入工作岗位前进行培养的重要内容。高校应该加强对师范生教学技能的训练,这也是符合师范院校对师范生的培养要求,更是提高师范生教学水平的有效途径。

(一)重视教学技能训练

中学教师是我国基础教育事业的主力军,其教学能力关乎着我国基础教育的质量。我们必须加强师范生教学技能训练,告知师范生教学技能训练的重要性和必要性,有目的性地调动师范生教学技能训练的兴趣,让师范生积极主动参与到教学技能训练中,从而提高教学技能训练的有效性,为我国中学教学奠定良好的师资基础。

(二)明确教学技能训练步骤

在进行教学技能训练时:首先,明确此次教学技能训练目标,确定目标内容;其次,对学生提出训练要求,且要求内容要具体合理,要求既要具有一定的困难,且又不能让学生望而却步;再次,按目标和要求对学生进行分组实训,并做好听评记录和分组讨论;最后,训练后总结,发现训练中的不足并改进。通过这样明确的训练步骤,才能系统性地培养具有扎实教学技能的优秀教师。

(三)让教学技能训练成为常态

在进行教学技能训练时,教师应尽量帮助学生创建教学技能训练环境。教师应告知学生技能训练不仅仅存在于课堂、微格教学或小组实训中,也存在于生活中,技能训练应融入学生学习、生活的点点滴滴中;让学生知道其生活中所处理的一切事宜、所应对的一切问题都能作为技能训练的一部分,应在平时不断提升自己的教学技能水平。

五、教学技能训练须注意的问题

(一)注意单项技能训练与全部技能训练的协调性

通常,教学技能训练多注重课堂教学技能的单项训练,以单独训练导入技能、讲解技能、提问技能等技能为主。这种单一目标的训练方式,项目指向明确,有利于技能的提升。然而,教学技能在课堂上的运用是各项技能的协调和整体配合,发挥各自的技能特点,实现技能的完美呈现。所以,在教学技能训练中,教师要注意平衡好单项技能训练与全部技能训练。教学时教师应根据教育情境,选用教学技能,或者采用某一种教学技能,或者综合运用几种教学技能。作为一名合格的教师,应当掌握各种教学技能,且应不断提高综合运用各种教学技能的能力。

(二)注意防止教学技能训练的机械化操作

通常,教学技能训练仅以固定的行为模式进行重复训练。事实上,学生进行某项教学技能训练,总是受其主观意识所支配。这些主观意识包括学生的知识结构、情感态度、教育教学素养等。在实际教学中,训练不能仅注重行为技能的机械性重复,将教学技能训练变成纯粹的技术操练,还应要重视和加强情感、态度和知识以及素养的教育。在教学技能训练过程中渗透教育信念与责任、教育知识与能力也很有必要。这才能使得教师在运用教学技能时,形神兼备、游刃有余。

(三)注意在教学技能训练中激发学生个性化的创造力

教师在对学生进行教学技能训练时,不仅应注重各项技能具有的共同规范的训练,还应考虑到学生的个性和主观能动性。每一位教师的课堂教学活动,都凝结了教师本人的知识结构、实践积累、个人素养,具有强烈的个性色彩。同样的教学技能由不同的教学者实施或者施加于不同的学生,其过程和结果可能不太一样。在实际教学技能训练时,教师在引导学生遵守各项技能共同规范的同时,要调动他们的积极性,发挥其个性、特长和创造力。

六、教学技能训练评价标准

表2-1 教学技能训练评价标准

班级_____ 授课人_____ 时间_____

项目		评价指标	分值	评分
教学状态 （10分）	1	教学态度认真，仪表端庄，大方得体，富有激情	5	
	2	教学用语标准，语速适中，抑扬顿挫，吐字清楚，声音洪亮	5	
教学内容 （35分）	3	教学目标明确，设计有创新	9	
	4	讲课时间安排合理，未超时	4	
	5	准备充分，教学内容熟练，理论联系实际，举例恰当	5	
	6	能够根据授课对象进行教学设计	8	
	7	讲解深入浅出，重点突出，难点明确，概念准确，叙述清楚	9	
教学能力 （35分）	8	注重学习方法的传授，采用启发式教学，培养学生创造性思维	9	
	9	教具及现代化教学手段应用合理，文字简洁、图片清晰	8	
	10	师生互动交流，课堂气氛活跃	8	
	11	教学熟练、流畅，各环节连贯、完整	5	
	12	课堂语言表达准确，生动简练，逻辑性强，有吸引力	5	
课件设计及板书 （20分）	13	课件的制作和使用上效果好，图像、动画、声音和文字的设计合理，课件在运行过程中未出现故障或对出现的故障有解决办法，推广应用方便	5	
	14	画面制作布局合理，有创意，整体风格统一；课件所展示的语言文字应规范、简洁、明了；声音清晰、无杂音，对课件有充实作用；媒体多样，选材适度，设置恰当，节奏合理	5	
	15	板书书写规范，字迹工整，大小适中，层次分明，整体布局美观	5	
	16	板书与讲授内容一致，通过板书调动学生学习积极性	5	
总计			100	
意见与建议				

第三章　微格教学

本章学习目标:1.说出微格教学的概念、功能。
　　　　　　2.清楚微格教学的模式。
　　　　　　3.学会应用微格教学。
　　　　　　4.认识微格教室。

第一节　微格教学概述

教师的专业发展在很大程度上取决于教师对新课程理念的落实,即要求教师在教学过程中做出体现新课程理念的行为。然而,很多教师虽具备了新课程教学理念,但在实际课堂中仍表现出旧课程的行为,如以教师为主体灌输式教学、以试题册为基础的应试式教学等。其中的重要原因在于,在师范生的教学过程中,师范生接触较多的多为新课程观念和一些新课程示范课,从观念过渡到教学行为的系统训练较为缺乏。这对师范生的专业发展有一定的制约作用。新课程改革的要求与微格教学的训练方式一致,微格教学是一种集心智技能和动作技能训练于一体的技能训练方法,它强调在一定的理论指导下训练师范生,使其获得或提升某种行动技能。

一、什么是微格教学

微格教学(Microteaching),即微型化教学或"录像反馈教学"。它是在1963年由美国斯坦福大学艾伦(Dwight W. Allen)和他的同事瑞安(W.Eve)开发建立。微格教学将电子录像等设备融入教学,通过电教手段,系统训练教师的教学技能,从操作层面上对传统的教学技能培训方式进行了改进。作为一种比较先进的训练教师教学技能的教学方法,它很快地普及到我国各个师范院校及各个中小学的教育教学过程之中,已成为高等师范院校师范生和在职教师掌握课堂教学技能实用且有效的培训方法。

微格教学的创始人艾伦认为微格教学是:一个有控制的实习系统,它使师范生有可能集中解决某一特定的教学行为,或在有控制的条件下进行学习。它以教育科学理论和教学评价理论为基础,利用现代教学媒体技术,采用可以控制的教学环境,系统地培养和提高教师的教学技能。微格教学可以用于教师的职前培训,如师范学校可以利用微格教学来培养师范生的教学技能;还可以用于教师的职后培训,如各级教育学院可以运用微格教学来提高在职教师的教学技能。

二、微格教学的功能

微格教学本质是为师范生提供一个课堂教学的练习环境,这能有效展现课堂教学情况,并能使练习者获得大量的课堂反馈信息。师范生通过微格教学训练,将所学的课堂理论知识应用于实践教学中,并从中发现教学问题,进一步弥补自身不足,以实现教学水平的进一步提升。这也正是微格教学发挥其功能的关键所在,具体功能如下。

(一)为师范生搭建模拟教学的平台

微格教学作为一个课堂教学练习的平台,为师范生模拟了课堂教学环境,并且还配备了电子设备全程监控,用于掌控课堂教学练习全过程。它让日常复杂的课堂教学得以精简化,让练习者通过微格教学取得大量的与教学技能相关的反馈信息。同时,微格教学电子设备的全程监控,可以让师范生集中提升某一特定的教学行为,或在有控制的条件下进行教学训练、学习。它为师范生提供了一个专业的、标准的平台,是一个建立在教学理论、视听理论和技术基础上,系统地培训师范生教学能力的舞台。

(二)帮助师范生发现教学过程存在的问题

教师在授课教学过程中,基本的要求是教学目标明确,思路清晰等,若备有教具,则要求教具直观、科学、简易。对于没有实践经验的师范生来说,微格教学是检验其教学基本功有效且快速的途径。通过微格教学训练及其录制可暴露师范生在教学过程中存在的不足。例如,通过微格教学的练习,师范生会发现其对教材的熟悉程度、导入的有效性、教学语言的可行性、课堂提问的针对性、课堂突发问题处理的灵活性等问题。

（三）帮助师范生实现教学交流与教学评价

训练者由于自身能力的限制，不可避免地存在着难以查找到自身的不足或错误的问题。因此，指导教师与训练者的交流必不可少。微格教学中的信息交流有微格教室成员之间的相互交流、指导教师与训练者之间的交流。通过交流，利于指导教师更多、更深刻地了解训练者，为其更深入、正确地指导训练者打下基础；通过交流，训练者看到自己的长处与不足，从而及时地改进和提高。与此同时，训练者还能在微格教学完成之后，通过他人评价及自我评价，主观、客观、综合地评价自己，认识自身的优缺点，从而不断改善自身的教学技能。

（四）帮助师范生根本性提升课堂教学水平

微格教学是有效提升教学水平的根本方法。训练者通过开展微格教学，实现课后集体综合分析、评价，总结自身的优缺点，并对之进行改善，从而提升自身的教学水平。师范生在微格教学中，通过练习、暴露、评价、提升的循环模式，保证在不断训练之后各项教学能力都得到提升。

三、微格教学模式

微格教学模式很大程度上取决于其在整个教学过程中承担的任务和想要达到的目的。任务和目的不同，所依据的理论基础也会有所差异，并且对微格教学训练方法会提出不同的要求，从而产生不同的微格教学模式。目前，微格教学在借鉴斯坦福大学微格教学模式基础上，结合我国实际情况，在充分考虑理论与实践相统一的基础上，师范生微格教学一般包括如下几个步骤。

（一）基本理论学习

微格教学是在现代教育理论和思想指导下的实践活动。因此，教师在开始微格教学训练前应了解微格教学的相关理论，包括教育学、心理学、视听等理论，并且明确微格教学的结构和每个步骤在训练中的作用，避免出现不写微格教案，忽视技能示范或不反思评价、不重新修正训练等盲目的微格教学。

(二)确定训练技能,进行技能理论学习

微格教学的主要目的是训练练习者的教学技能。一般教学技能包括导入技能、提问技能、讲解技能、演示技能、板书技能和结束技能等。这些不同的技能分别基于一定的教育学、心理学和教育教学理论支撑,教师在进行技能训练前指导练习者对相关的理论进行学习是保证微格教学训练效果和科学性的前提。

(三)技能示范,组织讨论

在正式训练前,为了使学习者明确学习目标和要求,教师通常使用录像或角色扮演的方法对学习者进行技能示范。示范以正面为主。在观摩的过程中,指导教师应根据实际情况给予必要的提示、指导,需要强调的内容可以暂停、重放进一步说明;示范完后,组织讨论,进一步明确技能训练的目标。

(四)编写微格教案

确定技能训练的内容和目标后,学习者要编写出较详细的微格教案。由于微格教案的编写和完整课教案的编写是有区别的,指导教师应给予相应的指导。

(五)微格实践

微格实践是整个微格教学的核心,它主要包括组成微型课堂、角色扮演和音像记录。教学技能的行为与教学的认知因素紧密联系,这些认知因素包括教学设计方法、学科教学内容自身的特点和对教学对象的分析等。不同学科的认知因素有所不同。因此,基于各学科教学内容的特点和规律,微格教学实践应按学科进行开展。

(六)反馈评价

微格教学的反馈评价包括重放录像、自我分析和讨论评价。为了使被培训者及时获得反馈信息,教师角色、学生角色、评价人员和指导教师应一起观看反馈录像,讨论分析,进一步了解被培训者达到培训目标的程度。根据反馈的结果及时修改微格教案或确定训练技能,然后依次进行下一阶段的训练和准备。

（七）综合教学技能训练

在进行了导入技能、讲解技能、演示技能、板书技能和结束技能等技能的训练后，要进行综合教学技能训练。实际的课堂是这些技能的综合和整体表现，这些分步技能训练的简单累加不能替代综合课堂的训练，因此，综合技能的训练很有必要。

（八）实际教学技能训练

综合教学技能训练完成后，微格教学的训练效果还要放到实际的教学环境中去检验。毕竟微格教学的训练环境是一个模拟的微型课堂，其中的学生角色也是扮演的，离实际的教学情境还有一定距离。实际教学技能的训练即师范生的教育实习。

四、微格教学的注意事项

微格教学对提升师范生教学技能效果明显。但在微格教学的应用过程中，也应注意如下几个方面。

（一）注意微格教学的系统性

微格教学是一个系统性教学，它包括微格教学设备系统，微格教学理论、模式、训练内容、评价手段等组成的微格教学操作系统和微格教学目标系统。微格教学不仅能促进训练者教学技能的发展，而且也可促进训练者教学行为、认知结构和情感因素的同步发展。

（二）注意单独技能训练与整体教学的关系

微格教学技能训练把教学技能分割成若干个部分进行训练，随着微格教学的深入，人们发现这种技能的分解大大降低了教学本身的功能。这种技能的分解使教学各技能之间的连贯性被人为肢解，技能训练和认知结构、情感因素的发展不同步，但宏观的综合教学活动又不便于直接运用微格理论和在训练中进行控制。因此，在微格技能训练后要重视综合技能的训练。

(三)注意微格教学中的"微"

微格教学是用微观思想方法,把作为整体的课堂教学分解为不同的教学技能进行分析和研究,进而逐个练习。训练者在练习时无须兼顾其他技能,重点突出,让看上去很复杂的教学活动更为清晰和明确,能大大减少训练者的心理负担。训练者在开始的一两个教学技能训练中可能会遇到些困难,当其训练到位后,信心大增,使其余的技能训练更容易进行,当每个技能都逐一达到目标后,整堂课的教学技能也就迎刃而解。所以,教学技能训练,不要贪大,而是能单一训练的就不要混合练,在"微"上下功夫,使每一个技能都得到充分、有效的训练。

(四)注意区别微格教案与授课教案

授课教案是对整堂课40~45分钟的教学安排,涉及的内容很多,无法面面俱到。而微格教案,是针对训练者的一两种教学技能按照5~10分钟的教学安排去书写,这就决定了微格教案的简单,但简单并不等于笼统。微格教学时间虽短,但教案可以写得非常具体,具体到分甚至到秒,如涵盖训练者什么时候说什么、演示什么、演示的步骤、什么时候应用的是什么技能、预设"学生"的应有的行为、"教师"应有的应答等。训练者明白每时每刻应从何下手,从而减轻心理负担,轻松接受训练。

第二节 微格教室介绍

一、微格教室的设计

传统微格教室一般由摄像机、录像机、音视频切换器、监视器、云台控制器和话筒等多种视听设备构成,并通过视听技术手段实现教学实况录像、播放、转播、监控和示范教学等功能。见图3-1所示。

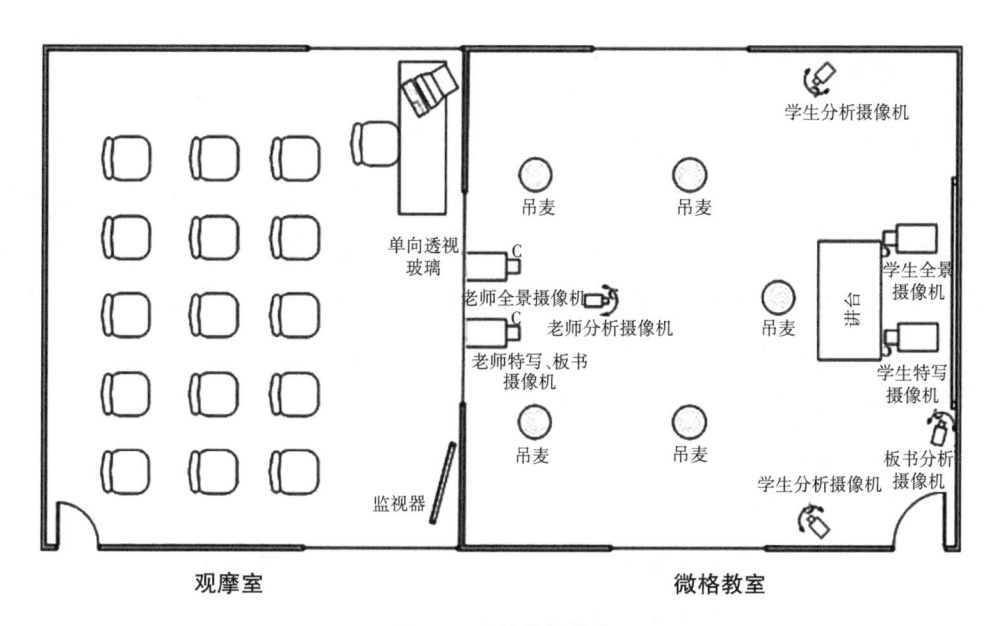

图 3-1 传统微格教室

数字微格教室系统由一间主控室、多间微格录播教室组成,从而组成新的数字微格实验室教学系统,并配备具有自动跟踪功能的视频采集模块,实现自动跟踪捕捉功能,方便教学管理,并捕获教学现场最精彩的场景。见图 3-2 所示。

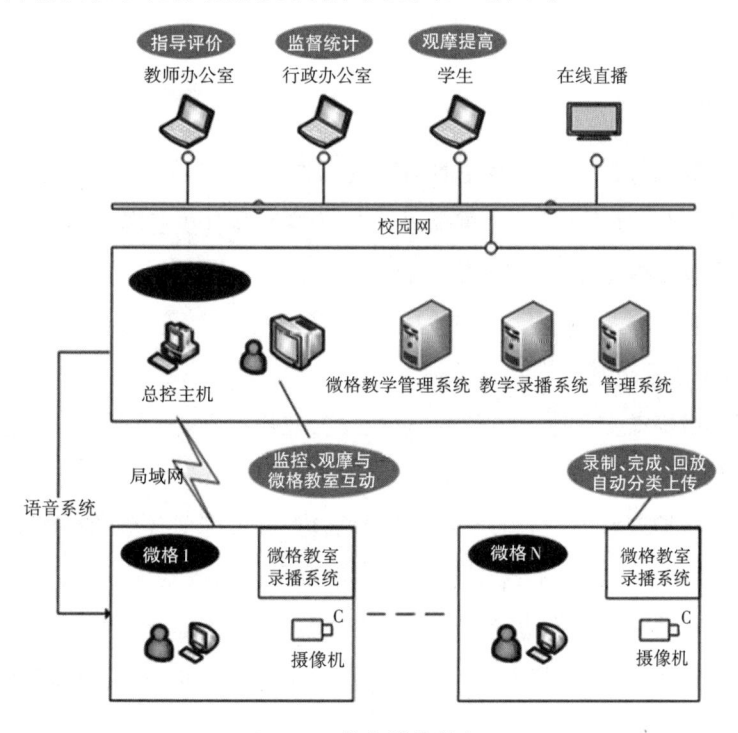

图 3-2 数字微格教室

二、微格教室职能

微格教室起源于美国,其间经历了几十年的发展,在我国最早用于师范类院校毕业生的实习和试讲。在试讲的教室内利用摄像机对全过程进行摄像,教师在试讲之后根据录像带资料找训练者一起分析、学习试讲内容,纠正其错误和不良习惯,以提高训练者的授课水平和心理素质。微格教室能实现教学训练、说课、教学点播、课后反思,并完成教学的自动跟踪摄像,及时捕捉训练者的教学过程,并及时进行教学反馈与教学评价,对提升师范生教学技能效果显著。它的具体职能如下:

(一)教学职能

(1)教学模拟。微格教室可以同时开展一组或多组微格教学活动,同时对一个或多个学生进行模拟教学(或其他技能)训练。

(2)示范观摩。微格教室可作为示范观摩室(也可兼作模拟教室使用),可以让全班学生集中观摩教师的教学示范。在师范生模拟教学之前,指导教师通过示范观摩室进行示范讲解,分析典型课例,组织学生观看优秀教师课堂教学录像,给训练者提供示范,以便其仿效。

(二)管理职能

(1)实况录像与播放。微格教室具有实况录像与播放功能,在中心控制室可以对各个模拟教室进行教学实况录像,并重播录像节目供各模拟教室观看,各室可以播放同一节目内容,也可以根据需要,各室播放不同节目内容。

(2)教学转播。微格教室具有转播功能,在中心控制室可以转播任一模拟教学现场供其他模拟教室或示范观摩室的师生观看。

(3)监视。微格教室具有全方位的监视功能,在控制室的监视器中,可监视各模拟教室的教学活动实况。

(4)控制。在控制室中,利用云台控制器可以控制各模拟教室的摄像头上下、左右移动和摄像头的焦距及光圈大小;利用矩阵切换器和录像播放系统,可以实现各路视频、音频信号的切换、转播和录像等功能。所有的控制操作均在控制台上完成。

(5)对讲。在控制室,教师可以与任一模拟教室进行双向对讲,以便于学生遇到问题时,教师能及时提供指导。

（三）反馈评价职能

(1)反馈及时、准确。在微格教室中,教师借助摄像监控系统可以实时掌握每一组学生的训练状况,学生在模拟教学训练后,通过及时观看重播录像,也可了解自己训练的情况。

(2)评价客观、全面。微格教学训练过程中具有多种形成性评价方式,如训练者通过重播自己训练的录像,肯定成绩,分析问题,进行自我纠正和评价;同组训练模拟听课的学生通过听课、一起观看重播录像,对训练者的模拟教学情况进行讨论、分析和评价;此外还有,指导老师对训练者的模拟教学情况进行全面的分析、评价,并提出改进意见。这些评价能有效帮助训练者提高教学技能水平。

第四章　教学设计技能

本章学习目标:1.说出教学设计的概念、意义。
2.指出教学目标编制内涵。
3.学会进行学情分析。
4.明确教学目标与核心素养的关系。
5.进行教学设计技能实践训练。

第一节　认识教学设计

教学设计也称作教学系统设计,它是以教学理论、心理学、教育学和教学媒体等为基础,根据教学要求和学生情况,对教学内容进行有效性、合理性、层次性等的重新整理,从而实现高效教学这一最终目标。长期以来,设计出一门优秀的课堂教学或者一个单元、一个学期的教学,是广大教师的共同追求和努力的方向。

一、教学设计概念

教学设计是指教师在备课过程中,运用系统方法,分析教学问题,确定教学目标,设计解决问题的步骤,选择相应的教学策略和教学媒体,并评价教学效果,以达到课堂最优化的编制教学预案的过程。教学设计包括课程设计、教学单元设计、课堂教学设计、教学媒体设计等。

教学设计是实施教学活动的前期性工作,是减少盲目性和随机性教学的重要前提。一个优秀的课堂势必有一个好的教学设计作为保障,教师若能有效地将设计的基本理念融入教学内容中,必能大大提高教学效果。

二、教学设计的意义

教学设计是以提升学生的学习效率为根本目的,运用系统方法,将学习理论与教学理论等原理转换成教学目标、教学方法和教学策略、教学评价等环节的具体计划,创设教与学的系统化过程,这一过程实际上就是为教学活动制订蓝图的过程。通过教学设计,教师可以有效地掌握学生学习的初始状态和学习后的状态,从而及时调整教学策略、方法,采取必要的教学措施,为下一阶段的教学奠定良好基础。

(一)利于教学理论和教学实践相结合

在教学设计中,若能将教学理论与教学实践完美结合,将对改进教学有很大的帮助。教学设计融入教学理论,并通过教学实践将设计呈现出来,既能增强课堂上的教学效果,又能提升教师的教学水平。通过教学理论与实践的紧密结合,充实和完善了教学理论,保证了教学实践的效率。

(二)利于教师的快速成长,更为专业

教学设计的目的是将教学理论转化为实践,让教师的教学工作更加科学化。教师通过教学设计将教学活动建立在理论指导的科学基础之上,使教学手段、教学过程成为可借鉴、可效仿的教学技能和程序。在此过程中,教师的教学水平得以迅速提升,并向教学科学化、专业化的方向去发展。

(三)利于教师养成用科学思维和科学方法分析和解决问题的习惯

在对教学内容进行设计时,教师应善于发现教学中存在的困难之处,分析教学理论,寻求解决困难的科学方案,以获得最优的设计方案。这一过程要求教师不断思考、分析,以科学的态度为前提,找出解决问题的原理和方法,从而培养科学思维和科学分析的习惯。

总之,教学设计是教学活动得以顺利进行的基本保证。好的教学设计可以为教学活动提供科学的行动纲领,使教师在教学工作中事半功倍,取得良好的教学效果。教师忽视教学设计,则难以取得好的教学效果,且容易使教学走弯路,影响教学任务的完成。

三、教学设计的原则

教学设计是教师应该掌握的一项教学技能,是沟通教师教学理念和教学行为的中间环节。教学设计有助于教师形成正确的教学理念,并将教学理念转变为教学行为,提高教师教学技能。教学设计应当遵循以下原则。

(一)科学性原则

教师在进行教学设计时,教学目标要能够培养学生实事求是的科学态度以及分析、解决问题的能力;教学内容要正确,技能技巧要规范;教学方法遵循学科的基本原理、概念准确、论证严谨,符合现代教育论的观点,符合学生认知规律。

(二)联系性原则

教师在进行教学设计时,要在教学中把理论知识与客观实际紧密联系起来,引导学生运用知识分析和解决实际问题,达到学以致用,进而取得理想的教学效果。

(三)发展性原则

教师在进行教学设计时,不能太浅或太深,应难易适中,正确把握学生的最近发展区,实现学生发展由量变到质变的飞跃。设计力求从学生思维发展的趋势考虑,教学过程由浅入深、由简单到复杂。

(四)系统性原则

教师在进行教学设计时,要挖掘知识的前后联系,找到新旧知识的连结点,经过知识点的整合,使教学内容成为系统的整体。一旦知识连成线、结成网,复杂的内容也可以融会贯通,让书本"由厚到薄",真正做到从"量的积累"到"质的飞跃"。

(五)可行性原则

教学设计要能指导具体实践。教师要考虑学生的年龄特点、已有知识基础、认知水平,设计应符合主客观条件;同时也要考虑教学设备、地区差异等因素对设计实施的可能性、操作性的影响。

(六)灵活性原则

教学设计要能适用于多变的教学课堂,考虑多方面的影响因素,如学生的真实学习状态、学生的真实学习感受、学生已有的学习经验以及真实的教学课堂环境、真实的教学情境,以灵活应对课堂的各类突发事件。

(七)反馈性原则

学习必须获得信息的反馈,没有反馈的学习收效甚微,甚至无效;反馈越及时,学生的学习兴趣就越浓,学习效率就越高。及时的信息反馈能为下一节课的课堂预设提供依据,使课堂教学的内容最优化,使课堂教学的效率最大化,从而达到高效课堂的目的。

总之,教师要想让学生获得知识,对教学做到驾轻就熟,就必须对教学精心设计,考虑教学设计原则的运用。

四、教学设计构成要素

(一)新课程标准的解读

新课程标准是国家课程的基本纲领性文件,是国家对基础教育课程的基本规范和质量要求,是教材编写、教学、评估和考试命题的依据,是国家管理和评价课程的基础。它体现国家对不同阶段的学生在生命观念、科学思维、科学探究、社会责任方面的基本要求,它规定各门课程的性质、目标、内容框架,提出教学和评价建议。解读新课程标准的相关内容,是教师教学设计有效性的前提和基础。

(二)教材的理解

教材是教师进行教学的基本材料,是学生认识世界的媒介。对教材进行分析和处理是教学成功的关键,是教学设计的基础,是教师富有研究性的行为。

1.教材的知识结构要素

教材的知识结构通常包括四要素,它们分别是:第一,教材感性材料,是学习基本原理的必要准备和条件;第二,基本概念与基本原理,是知识结构的核心,知识体系中的精髓,决定知识结构的形成;第三,应用材料,是巩固知识,形成技能、技巧,培养能力的必然要求;第四,内在联系,是对教材中感性材料、基本原理之间内在关系的高度概括,是教材内容中的精髓。

2.教材的重难点和关键

重点指教材中最基本、最重要的核心部分,是学习后继内容的基础,具有常用性和应用性,如教材中的基本概念、基本原理、基本定律、重要方法和公式等。难点以学生实际知识结构水平来确定的,如学生难以理解和掌握的内容、学生容易出错或混淆的内容。关键指教材中起决定作用的内容。重、难点是教材内容的核心,关键是突出重点、突破难点的钥匙。

(三)教学目标的编制

1.教学目标的概念

教学目标是指教学活动预期达到的结果,是由一系列具有递进层级关系的目标组成的目标群,包括国家规定的教育目标,各级各类学校的培养目标,课程目标、单元目标和课时目标。教学目标的确定,是教学设计的核心问题。

2.教学目标的要求

教学目标是教学的出发点和归宿,是教师对学生达到的学习成果或最终行为的明确阐述。一切教学活动都是围绕教学目标来进行展开的。教学目标的确定是教学设计的起点,是教师对学生获得新知识程度的期望,是教师是否完成教学任务的评价标准。设定教学目标时应满足明确性、整体性、弹性这三方面的要求。

明确性指目标能表明可观察到的学习结果,能表明检测结果的标准。整体性指目标结构合理,既有反映质与量的行为目标,又有表现心理过程的定性目标;目标内容全面,既有知识性目标,又有能力及责任态度目标。弹性指目标制订应面向不同水平的学生,有要求全体学生必须达到的最基本的低限目标,有专为达到高限目标学生制订的横向拓宽目标;目标也应该灵活变通,既定目标应根据实际情况及时调整。

3.教学目标的表述

制订教学目标应始终立足于《义务教育生物学课程标准(2022年版)》或《普通高中生物学课程标准(2017年版)》所确定的课程理念,其中学科核心素养是确定教学目标的关键所在,注重教学知识的衔接、教学概念的聚焦。目前,一直认可的教学目标表述方式涵盖四个要素,分别是:行为主体、行为动词、行为标准、行为条件。这样表述可以直观、清晰知晓教学应该达到的效果,也利于量化评价教学过程的优与差。但也要注意,制订教学目标时不是学科核心素养的每一个方面都要包含其中,而是根据教学内容、学生情况、学习情境综合考虑。教师应以"目标四要素"为目标表述的依据,清楚、准确地表述教学目标。

(1)行为主体(教学对象)。

①要求:教学目标描述的是学生的学习行为,表明达成目标的行为主体是学生。切忌在目标中表述教师的行为。

②实例:分析比较下列有关"植物种子的萌发"一课教学目标的行为主体。

A.行为主体是教师的错误表述方式:使学生了解植物种子的结构;让学生知道种子萌发的过程。

B.亲自行为主体是学生的正确表述方式:能准确认出种子结构的主要部分;能描述种子萌发的过程。

(2)行为动词,如表4-1所示。

①要求:教学目标的描述应采用可观察、可操作、可检验的行为动词。

②实例:

A.能用所给材料观察种子萌发的外界条件。

B.亲自栽培一种常见植物,写出详细的观察记录。

表4-1 教学目标制订——行为动词表

水平	常用行为动词	生物学科举例
结果性学习水平·知识	**了解水平**——说出、辨认、回忆、选出、举例、列举、复述、描述、识别等 **理解水平**——解释、说明、阐明、比较、分类、归纳、概述、概括、判断、区别、提供、猜测、预测、估计、推断、检索、收集、整理等 **应用水平**——应用、使用、质疑、辩护、设计、解决、撰写、拟订、检验、计划、总结、证明、评价等	说出、辨认、回忆、选出、举例、列举、复述、描述、识别、再认等 展示、扩展、使用、分析、区分、判断、获得、表现、扩大、拓展 评价、掌握、运用、懂得、联系上下文

续表

水平	常用行为动词	生物学科举例
结果性学习水平·能力	**模仿水平**——模拟、重复、再现、例证、临摹、扩展、缩写 **迁移水平**——联系、灵活运用、举一反三、触类旁通等 **独立操作水平**——完成、表现、制订、解决、拟订、尝试等	讲述、表述、阅读、复述 扩写、续写、改写、发现、借助、捕捉、提取、收集、修改 倾听、观察、推想、揣摩、想象、转述、讲述、选择、写出、朗读、选择
体验性学习目标	**经历水平**——经历、感受、参加、参与、尝试、寻找、讨论、交流、合作、分享、参观、访问、考察、接触、体验 **反应水平**——遵守、拒绝、认同、接受、同意、反对、愿意、欣赏、喜欢、讨厌、关心、关注、重视、采用、采纳、支持、尊重、爱护、珍惜、蔑视、摒弃、克服、拥护、帮助等 **领悟水平**——形成、养成、具有、热爱、树立、建立、坚持、保持、确立、追求等	感受、尝试、体会、发表意见、提出问题、讨论、体验、策划、积累、组织、交流 喜欢、有……的愿望、体会、乐于、敢于、有兴趣、欣赏 体味、辨别、愿意、有兴趣、喜欢、敢于、抵制、品味、关心、养成、领会、领悟、增强、尊重、辨别(是非)

(3)行为条件。

①要求：教学目标中有时需要表明学生的学习活动条件，是在什么情况下，什么范围内。

②实例：

A.能用所给的材料观察种子萌发的外界条件。

B.亲自栽培一种常见植物，写出详细的观察记录。

(4)行为标准。

①要求：教学目标中有时要体现要求学生达到目标的表现水准，测量学生学习结果所达到的程度。

②实例：

A.能准确地认出种子结构的主要部分。

B.亲自栽培一种常见植物，写出详细的观察记录。

总之：目标表述的四要素应体现：(学习者是)"谁"，(可观察到的学习行为在)"干什么"，(支持学习的环境在)"什么条件下"，(行为的标准做到)"什么程度"。

（四）学情分析

学情分析指教师对学生的学习特点、学习能力、学习习惯、学习兴趣、学习成绩等方面进行剖析，设计能符合班级多数学生的教学方案，以达成既定的教学目标。通常而言，学情分析主要分析以下几个方面。

1.学生年龄特点分析

分析不同年龄阶段的学生属形象思维还是抽象思维，乐于发言还是羞涩保守，喜欢跟教师合作还是抵触教师，不同年龄阶段的学生注意的深度、广度和持久性等。这些特点可以通过学习一些发展心理学的简单知识来分析，也可以凭借经验和观察来灵活把握。教师还要分析不同年龄学生感兴趣的话题，既要尽量结合学生兴趣开展教学，又要适当引导，不能一味屈尊或者迁就学生的不良兴趣。

2.学生已有知识经验分析

针对本节课或本单元的教学内容，教师要确定学生需要掌握哪些知识、具备哪些生活经验，然后分析学生是否具备这些知识、生活经验。教师可以通过单元测验、摸底考查、问卷调查等较为正式的方式，也可以采取抽查或提问等非正式的方式；如果发现学生知识经验不足，一方面可以采取必要的补救措施，另一方面可以适当调整教学难度和教学方法。

3.学生学习能力分析

教师要分析不同班级学生理解掌握新知识的能力如何、学习新的操作技能的能力如何，并据此设计教学任务的深度、难度和广度。经验丰富、能力较强的老师还可以进一步对学生中学习能力突出的尖子生和学习能力较弱的困难学生进行分析，并因材施教、采取灵活变通的教学策略。

4.学生学习风格分析

一个班级的孩子长时间在一起会形成"班级性格"，有些班级思维活跃、反应迅速，但往往思维深度不够、准确性稍微欠缺；有些班级则较为沉闷，但可能具有一定的思维深度。不同的学生个体也是如此，教师应该结合教学经验和课堂观察，敏锐捕捉相关信息，通过提出挑战性的问题、合作等方式尽量取学生之长、补其之短。

(五)教学环境分析

教学环境是一个由多种不同要素构成的复杂系统。这里所说的教学环境特指课堂教学环境,即班级内影响教学的全部条件,包括班级规模、座位模式、班级气氛、师生关系等。教师在进行教学设计时,若能提前掌握课堂教学环境情况,根据现有的教学环境创设适合班级学生的和谐、轻松、愉快的教学情境,激发和调动学生的学习积极性和主动性,那么对提高教学效果有很大的帮助。

(六)教案书写

1. 概念

教案指教师开展课堂教学的实施方案,即教师在深入钻研教材、全面了解学生的基础上,设计最合适的教学方法、教学步骤和教学安排,以保证学生有效性学习的具体实施方案。

教案是教师进行教学的依据,可以多种格式呈现出来,一般常用的格式有表格式、描述式、画图式、普通文本式等,格式选择主要依据教师的教学风格、教学内容、教学要求等。

2. 编写教案的基本要求

为了编写出适合课堂教学的优秀教案,教师在进行教案编写时,应该清楚以下几方面的要求。

(1)科学性:观点正确,内容准确无误,引用的材料真实可靠。

(2)适用性:真实展现教学过程;准备怎样教,安排怎样学,就怎样编写。

(3)规范性:结构完整,款式规范,语言通顺,书写工整。

(4)简明性:内容简练明确,教学步骤清楚,语言规范、简明。

(5)灵活性:随课堂教学实际灵活调整。

(6)特写性:对教材内容的要点、关键、要诀、名言等,加以"特写"。特写方式如下:① 独立成行;② 放大字形、变换字体;③ 用符号作标记;④ 在内容下面画点、圈等;⑤ 作彩色标记、旁批"重点""略讲""要领"等,也可对教学方法、教学行为或学习行为进行"特写"(如导入、演示、板书等)。

3.编写教案的步骤

(1)构思谋划;(2)编写提纲;(3)书写详案;(4)试讲修改;(5)完善使用。

4.编写教案的内容

(1)教学课题;(2)教学目标;(3)教学重点;(4)教学难点;(5)活动安排;(6)教学用具;(7)教学方法;(8)课时安排;(9)内容要点;(10)教学进程;(11)板书、板画设计;(12)教学后记。附教材特点分析、教学对象分析和教学设计意图等。

5.简案与详案

简案和详案都属于教案,表面意思而言简案相对简单些,详案内容复杂。简案是教学内容的框架,好似一种教学大纲,即教师在备课时只写上课流程,只罗列出上课的重、难点和关键,以及大概思路,无须详细过程。详案则有严格要求,不仅要写出上课流程,还要写出上课步骤,也会写出教师能想到的课堂上突发情况的应对预案和教学内容之间的口头衔接语。通常而言,建议新教师都书写详案,以保证教学课堂的顺利进行。

(七)导学案

导学案是指导学生自主学习的指南针和路线图,是实现高效课堂的重要组成部分。它是在新课程理念的倡导下,为达成一定的学习目标,由教师根据课堂教学内容,通过教师集体或者个人研究设计并由学生参与,促进学生自主、合作、探究性学习的师生互动"教学合一"的设计方案。

教师在认真钻研教材后进行设计的导学案要能在学生的预习中起到导航的作用,帮助学生对预习的知识进行梳理理解,帮助学生对知识重新"翻译",让学生易于接受、易于学习。因此,导学案的设计不仅要条理清楚、由简到难、循序渐进、提炼知识,而且教师要转变角色,站在学生的认知基础和理解水平上进行设计。

(八)教学评价

教学评价是教学过程中不可缺少的一部分,是一种特殊的教学反馈机制,它是检测教师课堂教学目标是否达成的有效方式,是保证课堂教学持续、稳定发展的重要手段。教学评价设计是对学生学习效果的评价设计,教师既要关注学生对语言知识和语言技能的掌握,又要重视学生综合语言运用能力的发展,同时还要重视学生在学习过程中的情感态度和参与表现。

五、教学设计与教案

(一)教案和教学设计的相同之处

(1)依据相同:两者教学目的和教学目标的确定,都是根据教学对象和教学内容而制订。

(2)有计划性:两者都是根据一堂课所涉及的所有因素而设计的教学内容,都是为了保证教学目标的完成,都会对教材进行研究和钻研。

(3)程序相同:两者都会钻研教材,确定教学目的,明确教学内容、教学的重难点,选定教学过程的方式、课型、方法、教具、时间等。

(二)教案和教学设计的区别

1.侧重点不同

教案的侧重点是教师教什么,学生学什么,学生根据教师安排的教学内容进行学习、思考、模仿等。而教学设计是从学生的学情、智力等水平出发,学生学什么,老师教什么。所以两者的侧重点刚好相反。

2.指导思想不同

教案是以课堂、教师、教材为中心的传统教学思想的体现,它的核心目的就是教师怎样讲好教学内容,使学生掌握所学知识,重视对学生进行封闭式的知识传授和技能训练,强调教师的主导地位,却常常忽略了学生的主体地位。这样虽然便于学生增长知识,但是不利于他们能力的培养。教学设计不仅重视教师的教,更重视学生的学。怎样使学生学得更好,达到更好的教学效果是教学设计的指导思想,所以对学生进行特征分析是教学设计不少缺少的环节,体现了现代教学理论的鲜明性。教学设计非常重视对现有媒体的设计和充分利用,以创造良好的学习环境、教学情境,以此来吸引学生的眼球,增加学生的学习积极性,激发他们学习本学科的兴趣。

3.元素的含义不同

教案一般包括教学目的、教学方法、重难点分析、教学进程、教具的使用、课的类型、教法的具体运用、时间分配等,从而体现了课堂教学的计划和安排。教学设计从理论上来讲,包括学习者分析、学习内容分析、学习目标阐明、教学策略的制订、媒体的使用及教学评价等元素。下面对教案和教学设计的对应元素进行分析。

(1)目的与目标。教案中称之为教学目的,多来源于教学大纲的要求,比较抽象,可操作性差,不便于对教师进行客观评价;教学设计的教学目标可由教师依据教学大纲和学生的实际水平来制订,并要求用可操作的行动词进行描述。

(2)重难点分析与教学内容分析。教案中的重难点分析主要由教学大纲指出,是教师上课讲解的主要内容和教案的重要组成部分;教学设计中的教学内容结合学习者进行分析,有一定的系统性和连续性,分析确定的重难点常常是教学设计所针对的对象。

(3)教具的使用与媒体设计。教案中的教具使用比较简单,多为模型、挂图等公开发行的教具,缺乏针对性和创新性;教学设计非常重视媒体的选用和使用,而且注意使用时的最佳作用和最佳时机,有较理想的教学效果。

(4)教学评价。在教案的编写过程中评价体现得不明显;教学设计依据教学目标对学生掌握知识、形成能力的状况做出准确而及时的评价,是教学设计中的重要环节。

六、教学设计中的核心素养

核心素养是学生在解决实际问题时所需要的必备能力,同时也是适应终身发展和社会发展需要的能力。但对于核心素养却不能概念化地理解,应该领悟其实质。内化的关键在于与教学实践相结合。在教学实践中以知识作为媒介,从而培养学生的核心素养。

(一)生物核心素养

生物是一门实验性学科,学生核心素养主要包括生命观念、科学思维、科学探究及态度责任。生物核心素养反映了学生在学习与生物直接或间接相关的知识时要逐渐提高自身的思维能力。其具体内涵主要有以下内容。

1.生命观念

生命观念是从生物学视角,对生命的物质和结构基础、生命活动的过程和规律、生物界的组成和发展变化、生物与环境关系等方面的总体认识和基本观点,是生物学概念、原理、规律的提炼和升华,是理解或解释生物学相关现象、分析和解决生物学实际问题的意识和思想方法。生命观念主要包括生物学的结构与功能观、物质与能量观、进化与适应观、生态观等。

2. 科学思维

科学思维是指在认识事物、解决实际问题的过程中，尊重事实证据，崇尚严谨求实，基于证据和逻辑，运用比较、分类、归纳、演绎、分析、综合、建模等方法，进行独立思考和判断，多角度、辩证地分析问题，对既有观点和结论进行批判审视、质疑包容，乃至提出创造性见解的能力与品格。

3. 探究实践

探究实践是源于对自然界的好奇心、求知欲和现实需求，解决真实情境中的问题或完成实践项目的能力与品格。探究实践活动主要包括科学探究和跨学科实践。主要环节有：发现问题或提出任务，制订方案，实施方案，获得证据或形成初步产品，分析证据或改进设计，得出结论或物化成果，进行表达、交流或展示等。

4. 态度责任

态度责任是指在科学态度、健康意识和社会责任等方面的自我要求和责任担当。其中，科学态度是指乐于探索自然界的奥秘，具有严谨求实、勇于质疑、理性包容的心理倾向；健康意识是指在掌握人体生理和卫生保健知识的基础上，关注身体内外各种因素对健康的影响，形成健康生活的态度和行为习惯；社会责任是指基于对生物学的认识及对科学、技术、社会、环境相互关系的理解，参与个人和社会事务的讨论，做出理性解释和判断，解决生产生活问题的责任担当和能力。

生物核心素养是在学生参加相关生物学习过程中逐渐形成的。学生在遇到问题的时候，即使不是生物方面的问题也可以通过这种思维方法来思考、分析并解决问题。生物核心素养具有综合性、整体性以及持久性的特点。

（二）如何在教学中培养核心素养

用生物核心素养引领学科教学非常必要。教师应该从核心素养出发进行教学设计，从而让学生可以感受到生物这门学科不同于其他学科的地方，感受大自然的奇妙及尊重生命的意义。为了实现这样的目标，教师在教学设计时主要从以下几个方面入手。

1. 优化问题

对于学生来说，生物核心素养并不是与生俱来的，而是教师借助问题解决的实践培养出来的。教师进行教学设计时，应设置合理性问题并引领学生尝试自己解决问题。生物是一门自然学科，有些内容比较难理解，恰恰是这些不容易理解的内容可以作为培养学生核心素养的重要素材，这需要学生通过探究学习才能够对这些知识进行理解。教师应该给学生创设出具体的目标，在学生进行自主探究之前教给学生具体的方法，也可以为学生提供一些有用的学习资料来供学生参考。学生在探究中通过自己查阅相关资料、小组合作探究以及自主学习等体会到团队合作的快乐。

2. 学科融合

教师应善于进行学科之间的相互融合，可以将生物知识与其他学科知识融合。同时，许多社会问题也与生物学科密切联系，比如食品安全、环境污染等。这些都是当前所面临并需要去解决的问题。教师应在教学中潜移默化地影响学生，让学生意识到自己是社会中的一员，认真学习各学科的知识，为社会贡献自己的一分力量。这能有效地将各个学科的知识进行融合，提升学生对知识的理解能力。

3. 设计情境

情境教学是为了吸引学生的兴趣，让学生对未知的内容充满好奇心。在教学过程中，教师应善于利用多媒体等先进的教学设备对学生进行情境展示，激发学生的求知欲。在适当的时候对学生开展情感教育，让学生产生对生命的敬畏及社会责任感。

总之，中学生物学科核心素养应体现在课堂教学中。通过不同的方式及手段进行教学，可以让学生充分理解生物学的基本理论和基本知识，发展学生的理性思维，从而达到培养学生核心素养的目的。

第二节 教学设计技能案例及分析

一、教学片段设计案例1

(一)案例来源

人教版八年级下册第二章第五节《生物的变异》(片段教学设计)。

(二)教学设计如下

片段题目	生物变异的概念及原因	教学对象	八年级学生
授课教师	×××		
教学目标	生命观念:说出生物变异的概念和原因。 科学思维:设计与生物变异有关的游戏并展示图片,提升学生观察、分析及归纳总结的能力。 态度责任:增强学生对健康生活的关注力和对科学知识的好奇心。		
时间	教师行为	预设学生行为	教学设计意图
导入 (2分钟) 讲授新知 结课 (1分钟)	1.导入阶段 　故事导入:从前有一个大臣对国王说:"世界上找不到两片一样的树叶。"国王不信,就命令全城人寻找相同的树叶,居然真的找不到完全相同的树叶。 　反问学生:同学们,我们可以找到两片完全一样的树叶吗?请一位同学从盆栽中选出两片一样的树叶。 　展示学生找出的树叶,让学生再仔细观察树叶。提问:我们可以看到两片树叶虽然外形很相似,但是它们之间仍然存在一些差异,是什么原因导致这些差异呢?(不要求学生回答)请大家认真思考这个问题。引出本教学片段内容:生物变异。	听故事。 可以。 找到相同的树叶;经教师提示,学生发现树叶的叶脉、叶缘不同。	通过故事讲解和学生活动,激发学生的好奇心和求知欲。 提出问题,学生带着问题去观察、思考,主动获取知识。

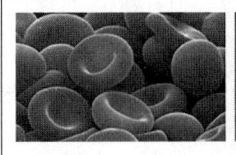

			续表
导入 (2分钟) 讲授新知 结课 (1分钟)	2.讲授新知 (1)变异的概念。 　　游戏:请学生参与连连看游戏,复习什么是遗传。 　　通过让学生观察两组姐妹与母女间外貌差异的图片,得出变异的概念。 　　那是什么原因导致生物的变异呢?接下来我们一起找找原因。 (2)变异的原因。 　　环境因素:展示一个小女孩从白皮肤晒成黑皮肤的生活实例图片。提问:这两个女孩是否是同一个人? 　　回答:其实她们是同一个人,只是女孩由于一段时间的太阳照射,肤色由白色变成了黑色。 　　继续展示正常胡萝卜和畸形胡萝卜图片。   　　提问:同学们知道是什么原因导致胡萝卜的外形如此奇特吗? 　　回答:施肥或水分供应不均匀等因素导致,得出第一个原因:环境因素能导致变异。 　　遗传因素:展示正常人与镰刀型细胞贫血症病人血细胞的图片。 　　提问:这两种细胞有什么区别? 　　回答:这是因为正常血细胞发生了改变,六号位的谷氨酸被缬氨酸取代,使红细胞的形态发生了改变。 　　进一步展示白化病人的图片。	学生连接母女(子)的图片,复习遗传的概念。 　　说出亲子之间的相似性是遗传。 　　学生观察发现,母女和姐妹之间在外貌上存在差异。说出生物的亲子间以及子代间的差异是变异。 不知道。 　　学生表现惊奇,认为不是。 不知道。 　　学生说出镰刀型细胞贫血症病人的血细胞形态不规则。	通过游戏环节吸引学生的注意力,调动课堂气氛,提高学生学习积极性。学生主动进入教学过程中,复习旧知,建立知识的前后联系。 　　通过图片展示、做游戏等教学环节,引导学生理解什么是变异,以初步达成理解"生物变异的概念"的教学目标。 　　教师结合生物变异的图片,讲解环境因素能导致变异这一知识点,引起学生注意。学生能够明确说出生物变异的第一个原因,以进一步达成"环境因素能导致变异"的教学目标。 　　教师结合生物变异的图片,讲解遗传因素能导致变异这一知识,学生能够明确说出生物变异的第二个原因,最终达成"遗传因素能导致变异"的教学目标。

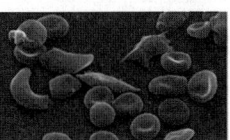

续表

导入 (2分钟) 讲授新知 结课 (1分钟)	提问:黄种人父母为什么会生出全身白的小孩? 回答:这是因为某些遗传物质发生了改变,导致人的皮肤、眼睛、毛发等色素缺乏,使得人全身发白。 得出第二个原因:遗传因素能导致变异。 小结:让学生总结生物变异的原因。 3.联系生活(健康提示) 提问:同学们,你们看我们班多少同学戴上了眼镜啊? 回答:你看是不是有些同学已经戴上了眼镜,或者脸上开始出现了色斑。如果不加以控制,这些变异将会影响你的身体健康或者以后的生活,所以合理使用电脑、手机等电子设备,养成良好的生活习惯非常重要。	不知道。 说出由于遗传物质的改变导致生物的变异。 遗传因素与环境因素能导致生物变异。 学生表现出惊奇。	通过教师对生物变异的讲解,并配合图片,学生自己能够总结出生物变异的两个原因,从而达成培养学生分析、归纳、总结问题的科学思维。 学生联系生物变异的原因,了解变异的危害,提高健康意识,从而养成健康生活习惯。
设计思路说明	生物变异的概念及原因是本节内容的重点,遗传因素与环境因素的区分内容抽象、难以理解,但又是该节的难点,学生不好理解。要让学生真正掌握这部分内容,教师采用多种教学方法帮助学生理解和建构相关知识体系。 首先,以故事和学生活动相结合导入,能有效激发学生的求知欲以及学习兴趣,活跃课堂气氛,从而创设活泼快乐的学习环境,让学生更快地融入课堂,跟随老师思路进行思考。 讲解过程:按照概念要点逐一连环地提出问题,分别通过游戏、图片展示,循序渐进地引导,让学生动脑思考,随着游戏的进行自然而然地得出生物变异的概念和生物变异的两个原因:环境因素和遗传因素。学生在轻松愉快中牢固掌握生物变异的概念及原因。这种讲解方式能将"生物的变异"这一抽象知识直观化、具体化,从而培养学生观察分析、归纳总结语言概括能力。 最后,我将中学常见的近视眼、色斑等现象与"生物变异"原因联系讲解,有效提醒学生关注健康,培养良好生活方式,树立健康意识。		

二、教学片段设计案例2

(一)案例来源

人教版高中生物必修1分子与细胞第五章第一节《降低化学反应活化能的酶》(片段教学)。

(二)教学设计如下

片段题目	酶催化作用的实质	教学对象	高中一年级学生
授课教师	×××		
教学目标	生命观念:说出酶分子的两种状态(常态、活跃态)及活化能的概念;理解酶催化作用的实质。 科学思维:学生观察现象、动手操作、分析及归纳事物发展的本质原因。 社会责任:从实际生活出发,学会由表及里、由现象到本质,全面认识和分析问题;发现生活之美,热爱生活、创造生活。		
教学过程			

时间	教学行为	预设学生行为	教学技能要素
约1.5分钟	导入: 　　同学们,早上起来刷牙,你们用什么牙膏?现在我是推销员,给大家隆重推荐一款牙膏:生物酶牙膏,可以让你们的牙齿洁白如玉,口气清新。 　　大家想想,我为什么给大家推荐这款牙膏呢? 　　注意,我又要当推销员了,给我们班自己动手洗衣服的同学推荐一款高效洗衣粉:超效加酶洗衣粉,我保证,你们用这款洗衣粉一定会把你们的衣服洗得干干净净,穿在身上精神抖擞,帅气漂亮。 　　大家又想想,我为什么给大家推荐这款洗衣粉呢? 　　(学生回答后) 　　哦!原来牙膏和洗衣粉里都加了酶。 　　上节课我们学习了酶的概念,现在一起来复习一下,大家想一想: 　　酶在哪里产生? 　　酶有什么作用? 　　酶的化学本质是什么? 　　(先让学生回答,然后总结如下)	学生回答: 答案各种各样。 学生回答: 牙膏里加有生物酶 学生回答: 洗衣粉里加有酶	导入技能 提问技能 讲解技能 提问技能 讲解技能

续表

约1.5分钟	酶的概念 活细胞 ←场所— 酶 —实质→ 特殊有机物（绝大多数是蛋白质，少数是RNA） ↓作用 生物催化作用 现在我们一起来读一遍酶的概念：酶是由活细胞产生的具有生物催化作用的一类特殊有机物，绝大多数是蛋白质，少数是RNA。	学生回答： 活细胞 催化作用 有机物 （绝大多数是蛋白质，少数是RNA）	提问技能 板书技能 讲解技能
约6分钟	讲授新知识： 　　现在我们去非洲看一看，在广阔的草原上生活着许多动物，我们来看这是什么动物？(出示图片) 　　对，是羚羊，一种漂亮的动物！它在一望无尽的草原上悠闲地吃着草，时不时还抬头望望远方。突然，一只躲在草丛中的猎豹朝它扑了过来，羚羊惊慌失措立即逃跑。羚羊在遇猎豹到时的状态跟没有遇到时的状态一样吗？ 　　下面，我们来做一个演示实验。 　　请两位同学上来，一位展示装有水未加热的试管，一位展示加热装有水的试管。	学生回答： 羚羊 学生回答： 不一样	提问技能 提问技能 演示技能

			续表
约6分钟	水,没有加热之前,水分子比较安静(展示);加热之后,水分子就变得活跃了,继续加热,水就会沸腾,在试管上方水雾缭绕(展示)。大家想一想,水加热前后的状态一样吗？水加热之前,水分子比较安静,这种状态叫作常态;加热后,水分子比较活跃,这种状态叫作活跃态。同样,羚羊没有遇到猎豹之前也是处于常态,遇到猎豹后就处于活跃态了,便于逃跑。(图例讲解) 常态　活跃态 给水加热,水分子由原来常态逐渐变得活跃起来。大家回忆一下,我们做化学实验时为什么给液体加热？(学生回答完毕)是的,加热使分子处于活跃状态,才容易发生化学反应。因此,将不活跃、不易发生反应的状态叫作分子的常态;将活跃的,容易发生反应的状态叫作分子的活跃态。 **分子的常态:不活跃、不易发生化学反应状态。** **分子的活跃态:活跃、易发生化学反应状态。** 　　就像大家刚才看到的一样,水的常态分子要变成活跃态分子,需要加热,也就是需要获得能量。我们将分子由常态转变为活跃态所需要的能量叫作活化能。 **活化能:分子由常态变为活跃态所需要的能量。** 活化能 常态分子 →获得能量→ 活跃态分子 　　大家摸摸自己的肚子,它在对你说什么？它在叫,好像在说,我饿了。所以,每天我们都要吃饭,而且一日三餐。在我们体内不断进行着食物的消化和吸收过程,这就是说不断发生着生物化学反应,简称生化反应。	学生回答: 使化学反应容易发生,并加快反应速度。	讲解技能 提问技能 讲解技能 板书技能 板书技能 讲解技能

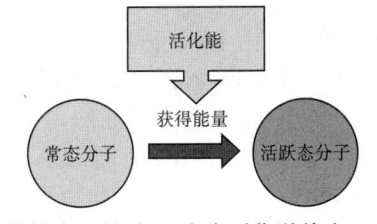

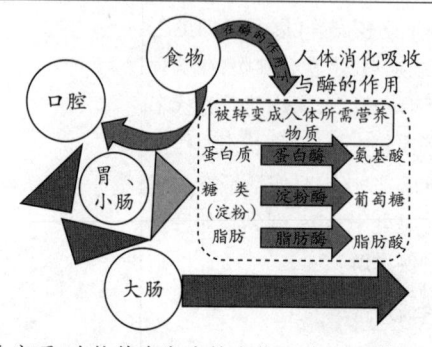

续表

时间	教学过程	学生活动	技能要点
约6分钟	（图示：食物经口腔、胃、小肠、大肠的人体消化吸收与酶的作用过程，蛋白质→蛋白酶→氨基酸，糖类（淀粉）→淀粉酶→葡萄糖，脂肪→脂肪酶→脂肪酸，被转变成人体所需营养物质） 大家看，生物体内发生的生化反应，几乎都需要酶的催化。为什么呢？（提醒学生思考，不要求学生回答） 在回答这一问题之前，我们来看看跳高比赛。同学们参加过跳高比赛吗？ 我们将跳高比赛类比为分子的反应过程，杆的高度就是活化能。能过杆的人称为活跃态的分子，不能过杆的人称为常态分子。假设有10个人参加比赛，大家看视频，看一下常态分子要转变成活跃态分子与活化能之间有什么关系。 播放视频：杆高2米，只有1人跳过，说明活化能很高，只有极少的分子发生反应；当给运动员一块助跳板，有4个人跳过，相当于前面给试管中的水加热，一部分常态分子转变为活跃态分子，发生反应的分子数量增加。再换一个思路，把杆降低到1.5米，过杆人数增加到6人，相当于活化能降低了，参加反应的分子数增多了；再将杆降低到1米，10人全部跳过，相当于活化能降得更低，几乎所有分子都能参加反应。 由此我们可以看出，杆的高度越低，跳过的人数越多；也就是说，活化能越低，常态分子就越容易达到活跃态水平，化学反应就能够进行。 看完视频之后，我们再来做一个小实验。（请一个学生当助手）用泡沫球代表分子，将箱子分为两个区，一个常态分子区，一个活跃态分子区，中间的隔板代表分子的活化能。现在隔板比较高，常态分子变为活跃态分子的数量是多还是少呢？（学生观察后回答） 如果降低中间的隔板即活化能呢？常态分子变为活跃态分子的数量是否增加了？（学生观察后回答） 由此我们可以得出促进化学反应进行的两种途径：	学生回答：参加过 学生回答：少 学生回答：增加了	提问技能 讲解技能 演示技能 提问技能

续表

约6分钟	(1)直接增加能量(加热);(2)降低分子的活化能。 　　现在我们思考生物体内的生化反应为什么几乎都需要酶的参与呢?大家想想,为了促进体内食物的消化和吸收,能不能用前面加热水的方法呢?(提醒学生思考,不要求学生回答)我这里要提醒大家,人的体温只能维持在37℃左右,超过40℃就有生命危险了。 　　显然,加热的办法是行不通的,太热大家也受不了!所以靠酶来加快生化反应非常有必要。酶是通过上面讲解的哪种途径来起作用的?加热途径行不通,就只剩下降低分子活化能这一途径了,就如跳高比赛中降低杆的高度,大多数人都能跳过。酶催化作用的实质就是降低分子的活化能,使绝大多数的分子都能参加化学反应。 　　　　**酶的生物催化作用的实质:** 　　　　　　**降低分子的活化能** 　　正是因为酶这一特性,生物体内的许多生化反应才能在常温常压下进行,保证了生命活动的正常进行,自然界才能进化出丰富多样的生物物种和形成庞大的个体数量,生命才能如此美丽。		讲解技能 提问技能 板书技能 讲解技能
约0.5分钟	结束: 　　在我们生活中像酶一样起着同样作用的还有隧道、桥梁等。汽车通过隧道、桥梁可以很快到达目的地,节省了很多能量。 　　大家想一想,生活中还有哪些类似的例子呢?(拓展学生想象空间,不需要回答)		结束技能 提问技能

续表

设计思路说明	酶催化作用的实质,内容抽象、难以理解,但又是该节的教学重点和难点。按照建构主义教学思想,我通过视频播放、实验演示等直观教学手段与推理式教学策略相结合,让学生主动观察、分析、推理、归纳,从而建构出自己的知识体系。 　　按照《普通高中生物学课程标准(2017年版)》基本理念,生物教学应着眼于学科核心素养,即能用所学知识解决日常生活中的问题。刷牙、洗衣贯穿日常生活,以常用的牙膏、洗衣粉创设情境导入,能有效激发学生的求知欲及学习兴趣,巧妙引入酶催化作用这一知识点。 　　播放羚羊遇到猎豹的前后状态变化、演示"水"加热实验,利于学生直观理解分子的常态和活跃态;播放跳高比赛视频、演示泡沫球过隔板实验,利于学生直观学习和强化活化能知识,这种将问题由抽象化为直观的教学方法,有利于启发学生主动思考;此外,播放视频和演示实验,能够进一步引出酶催化作用的实质——降低分子的活化能,从而活跃课堂,提高学生的学习兴趣和学习效率。 　　该教学片段让学生参与演示实验,主动认知,分析思考,推导出酶催化作用的实质。这种将理论知识具体化的教学方法,符合学生的认知规律,能够较好地发展学生的观察、思维能力。 　　密切结合生物科学素养与人文知识相结合的教学理论,通过指出酶催化作用实质与生物体内生化反应的关系,再延伸到自然界物种的多样性,激发学生热爱生活,热爱自然的美好情怀。 　　最后,联想隧道、桥梁的作用,把本教学片段的知识进一步具体化,帮助学生强化所学知识,并拓展学生的想象空间。

第三节　技能训练和操作

一、训练标准

　　教学设计技能主要表现在根据课程标准对教材进行分析,针对学生实际对教学策略、教具、学具等进行选择,以及教案编写等方面,具体包括确定教学目标的技能及其训练、分析与处理教学内容的技能及其训练、分析了解学生的技能及其训练、选择教学方法的技能及其训练等内容。

　　教学设计训练能否实现既定效果可参照如下标准:第一,依据新课程标准,教材与教学设计是否有效整合;第二,根据学生情况,教学设计是否符合学生的认知规律;第三,根据教学内容,教学设计能否深入浅出,浅显易懂;第四,根据教学环境,教学设计能否因地制宜,发挥效果。

二、训练要求

(一)编写设计教案

教案应涵盖以下内容:课程标准、学生情况、教学内容分析、教学目标、教学进程、教学反思等,文字简洁、流畅。教学设计思路清晰,条理性和逻辑性严密,亮点突显。

(二)教学设计实践训练

教师按照学生强弱搭配的原则,对班级学生进行技能训练分组,指导学生开展小组合作学习。实践训练操作如下:首先,每位师范生在小组内阐述自己的教学设计,并由小组成员对设计内容逐一点评;其次,小组成员在组长的组织下集体讨论推选最优教学设计,并对最优设计进行完善;最后,教师对每个小组的最优设计进行点评,并提出改进与完善建议和意见。

三、训练的量化评价表

表4-2 教案设计及设计思路解说评价表

班级_____ 授课人_____ 时间_____

序号	评价标准	分值	A(1.0)	B(0.8)	C(0.6)	D(0.4)	E(0.2)	得分
1	教案结构完整	10						
2	教学目标明确	10						
3	教学步骤清楚	10						
4	教学内容正确,且面向全体学生	15						
5	文字简洁流畅	10						
6	教案设计的板书板图规范	10						
7	教案内容可操作性强	10						
8	教案内容设计新颖	15						
9	教案设计思路解说逻辑清晰	10						
	合计							
评价意见								

第五章　教学语言技能

本章学习目标：1. 说出教学语言技能的概念。
　　　　　　　2. 划分教学语言技能构成要素。
　　　　　　　3. 指出教学语言遵循的基本原则与要求。
　　　　　　　4. 进行教学语言技能实践训练。

第一节　认识教学语言

教学语言是教学活动的灵魂，是教师讲解时最主要的信息传递工具。在课堂教学中，语言主要包括教学内容的专业性和科学性语言、知识点间过渡的非专业性语言。而教学语言技能是教师课堂教学的一项基本技能，对于教师而言，语言技能的高低直接影响整个课堂的教学效果，甚至还会影响教学的基本目标的实现与否。

作为师范专业的学生，毕业后即将踏入教师这一行列，教学语言是教师与学生顺利沟通的根本。因此，师范生或是刚进入工作岗位的青年教师应对自己的语言技能予以足够的重视，并在平时的学习和教学中不断积累和总结经验、教训，以提升自己的语言技能，力争让自己成为一名同行认可和学生喜爱的优秀教师。

一、什么是教学语言技能

教学语言技能是指教师在课堂教学中讲解教材、传授知识、组织练习，激发学生积极学习情绪所具有的语言表达能力。

通常而言，教学过程是学生对世界的认识过程，也是学生智力和能力发展的过程。这个过程就是教师将学生要认识的世界经过概括和总结出来，并在教师的引导下获取知识、发展能力。教师必须将教材内容按照学生的认识规律加以组织、改造,并且用准确、生动、富于启发性的语言表达出来,以便于学生理解和接受。因此,教师教学语言技能是完成教学任务的主要保证,是影响学生学习水平及能力的重要因素,是实现教学目标的关键,是教师授课技能的体现。

二、掌握语言技能的目的

苏霍姆林斯基认为:教师的语言修养在极大程度上决定着学生在课堂上的脑力劳动效率。我们深信,高度的语言修养是合理利用时间的重要条件。教学语言技能在教师必须掌握的教学技能中显得尤为重要,它是自始至终贯穿整节课堂的技能。

(一)保证准确、清晰地传递教学信息,以提高教学质量

在教学过程中,教师的教学活动主要是通过教学语言来实现的。教师在课堂上对教学内容表达清晰与否,主要在于教师的教学语言技能。有关研究表明:课堂上,学生获取知识的多少同教师能否清晰表达出教学内容有着极显著的相关性,若教师的语言表达含糊不清,将会直接影响学生的学习成绩。

因此,教学语言技能对教学质量的高低有着本质上的影响。其影响主要表现在:第一,教学语言能有效激发学生学习的好奇心,调动其学习的学习兴趣,引起学生的求知欲;第二,教学语言能将较为复杂、难懂的知识用浅显、简单的方式表达出来,使学生听起来熟悉、生动、简单,有利于学生对知识的理解和掌握;第三,教学语言还能提高教学效率,节省教学时间,并减轻学生负担。

(二)使学生的智力得以发展、能力得到培养

教学语言能使思维得到"优质"的刺激物和加工材料,给学生思维能力的发展提供了条件。许多优秀教师,他们的教学之所以能给学生留下终生难忘的美好印象,除了丰富的知识外,纯熟、优美的教学语言是一个重要的原因。有关研究表明,在教学语言技能水平高的教师的教学下,获得了丰富的教学语言刺激的学生,其语言表达能力较一般学生要高,思维能力和独创品质也较一般学生强。

(三)促进教师个人思维的发展和能力的提高

语言不但是交际的工具,也是思维的工具。思维和语言相互依存、相互促进。语言是现实的思维,是思维的物质外壳;思维的发展推动语言的发展,语言反过来又促进思维的发展。一般来说,语言的发展水平标志着思维的发展水平。因此,教学语言对促进教师思维发展和教学能力的提高有着重要的作用。

三、教学语言的构成

通常,教学语言技能分为两个方面的技能:一个方面是指基本语言技能,另一方面则是指特殊语言技能。

(一)基本语言技能

基本语言技能是教学语言技能的根本,在社会的人际交往中每个人都应该具备的基础性交流语言。基本语言技能的要素:

1.普通话语音说话,吐字清楚

语言是由音、义结合构成的。"音"是语言的物质表现形式,"义"是语言的内容,只有音和义相结合才能构成语言。语音学研究认为,人的语音是由肺部(发音的动力)、声带(发音)和共鸣腔(包括口腔、鼻腔等)这三个器官协同作用的结果。因此,讲话时气要足,要善于运用声带和共鸣腔。

正是有了语音这一载体,才使得语言以声音的形式发出、传递和被感知。在课堂教学中,教师要使用标准的普通话教学,方言或乡音都将会造成师生间交流的障碍,甚至会闹出许多笑话,尤其在偏远的农村地区或民族地区;教师还要吐字、发音清晰。吐字不清、语音含混是教师课堂教学的大忌。总之,要想发出悦耳、动听、给人以美感的语音,必须学好普通话,必须掌握有关发音的知识和技巧,并加强训练和学习。

2.说话音量和语速要符合教学环境

音量指发出声音的大小,是人们对声音强弱的主观感觉。在课堂教学中,教师若说话声音太小,将会导致座位偏后的学生听不清楚教师说话的内容;若声音过大,不仅会让前排座位的学生感到不适并产生对教师所说内容的排斥,而且也会过多消耗教师的精力。教师在课堂上所用的音量,最好在教室安静的情况下,保证坐在最后一排的学生能听清楚其所说的内容。

语速是指讲话的速度。不同年龄层次的学生聆听的能力均不一样。教师在课堂上讲解新知识时,若说话速度过快,会把学生搞得晕头转向,理解不了教学内容,体验不到教师的情感,达不到教学目的;若说话速度过慢,慢慢悠悠,有如和尚念经,好似催眠曲,又会使得学生出现昏昏欲睡的状态,同样也达不到教学目的。一般而言,课堂教学语速从每分钟200~300字为宜。

3. 语调和节奏应根据教学内容有所改变以增强语言生动性

语调是指发出声音的高低升降、抑扬顿挫的变化。教师应从教学内容和所要表达的感情出发,运用不同的语调表达高兴、悲哀、愤怒、激昂、紧张、惊异、感叹等情感。节奏指发出声音的长短和停顿的长短所构成的快慢变化。教学节奏所包含的内容很丰富,它包括了教学语言速度的快与慢、语调的抑扬与顿挫,情感的浓淡、激缓,以及语速、声调、情感等要素的相互联系、相互交替。因此,教师课堂教学时,要注意语调的抑扬顿挫,并根据教学内容的特点及重要程度调节语言节奏的快、慢。如教学中讲到关键点时,或需要强调突出某个问题时,可以提高音量,放缓速度;若在进行一般性陈述和过渡性内容讲解时,教师可用中低语调交替讲解加快语速。

4. 课堂教学所用词汇应规范、准确

词是语言中能独立运用的最小单位。一个人只有具备一定的词汇量,并能正确地运用于语言表达中,才具有一定的语言技能。教师在课堂教学中所运用的词应满足如下要求:首先,所用词语应保证规范,即教师应使用普通话的语汇、使用生物学科的专门术语与学生交流;第二,应保证所用词语的准确性,即教师选用词语必须准确、清楚地表达概念,由词语组合形成的一句话也必须合乎事物自身发展变化的规律,合乎人们认识事物的规律。

5. 言语要合乎语法、合乎逻辑

语法是用词造句的规则。这种规则,不是哪一个人或机构规定的,而是在某一民族或区域形成语言的长期历史进程中形成的。按照这一规则表达出来的意思,大家都懂;如违反这些规则,人与人之间则无法交流。课堂上,教师的教学语言应合乎语法,并在保证语法正确的前提下,用语言表述出来的内容也应具有一定的逻辑性,才能保证学生接收的来自教师的讲述内涵准确无误、清楚明白。

(二)特殊语言技能

特殊语言技能是在特定的交流中形成的语言技能,如在特定的生物学课堂上,教师与学生的课堂交流。这种课堂交流是指在课堂上,教师要从一定的教学目的、教学内容、教学对象出发组织语言。特殊语言技能要素包括:

1. 语言准备

教师应创设适合该节课程的教学情境,让学生对即将学习的内容做好心理准备,明确即将学习的教学内容及其难易程度,并将学习的要求渗透其中,为学生有效地接收教学内容建立学习状态,也让学生有目的地去获取知识,从而提高学生消化、吸收新知识的效率。

2. 语言提醒

课堂上,在新知识的学习过程中,学生常常会出现对知识的不理解或一知半解。教师应用合适的语言提醒学生应注意的关键点。所用的语言应既考虑到学生的质疑之处,也应引导学生去分析和思考。教师要根据学生的学习思路,一步步提示学生,为学生打通困难通道,最终解开学生的疑惑。

3. 语言鼓励

课堂上,教师应及时捕捉学生的学习状况;当发现学生出现漫不经心、消极对待教学内容时,语言上应尽量避免使用对学生否定或鄙视的词语,应多选用建立学生自信心、给予学生鼓励的词语,让学生消除不情愿或懒散的状态,建立师生之间良好的沟通桥梁。

四、教学语言应遵循的基本原则

(一)学科性和科学性

学科性是指教师在课堂教学中所用的语言应为本学科的教学术语;科学性指教师在课堂上说出来的语言用词应该准确且合乎逻辑。鉴于生物学科的特点,其多数教学内容中的概念既来源于生活常识,又是对生活常识的解释和升华。然而,很多概念的名称民间界定和专业名称界定有所不同,不同地域环境和不同民族中理解也不相同。如通常所说的"肚子"仅是一个常用语,指示不明确,其专业名称为腹部;又或者俗称的"腰子",专业名称为"肾",许多地区的学生都不明白其真正含义。对于民族地区的高校教师,常常在课堂上会无意识地用到这类语言。因此,语言的学科性和科学性对于民族地区的教师而言显得尤为重要。

(二)教育性和针对性原则

师范院校培养教师的首要目标是师德师风和教师素养。教师在课堂上所用的教学语言应能够体现对学生的尊重、鼓励和爱护。教师适宜的言语能培养学生自尊、自爱意识。也正是教师得体的语言,让学生耳濡目染,潜移默化地感染学生,让学生在思想、道德、情操等方面的修养得到提高,实现其教育意义。

课堂上,教师的教学语言也应具有针对性,即教学语言必须是在学生已有的知识和经验基础上能够理解的,且语言还应该是当下学生通用的,能借此与学生进行情感沟通交流,切忌超越学生的认知能力;而且教学语言的选用应当深入浅出,通俗易懂,简单明了,生动活泼,富于变化。教师要从学生的实际出发来设计自己的教学语言,研究不同年级、不同环境(区域差异)、不同民族下学生在知识经验上的差异,只有有针对性地说话,才能有效地达到教育教学的目的。

(三)简明性、启发性

教师课堂上所用的教学语言应简明扼要,即教师选用的语言应经过精心提炼、经得起推敲,能够让学生容易听懂、听明白要表达的意思。一堂课的教学内容较多,教师要让学生在有限的课堂时间里吸收较多的有用信息,语言必须简明扼要。而且,语言应具有一定的启发性,即说出来的话还应留足学生思考的空间,让学生在学习新知识的过程中具有浓厚的学习兴趣和强烈的求知欲,使学生明确学习目的,启发学生变被动为主动,提升分析、对比、归纳、演绎等的能力。教师要使教学语言具有启发性,就应该做到:第一,语言要体现出对学生的尊重,要饱含丰富的感情;第二,语言要体现新旧知识的联系,尽可能把抽象的概念具体化,使深奥的道理形象化;第三,教师应把教学内容作问题化处理,让学生主动思考。

五、教师教学语言技能存在的问题

（一）教师对语言技能没有足够的重视

众所周知，教师是靠"嘴"吃饭的职业。一般而言，没有"不会说话"的教师，相比较其他一些职业而言，教师的语言表达能力应当是具有优势的。但是，在教学的过程中，"会说话"的教师并不代表一定能上好课，上课和说话是两码事。教师在课堂教学中的语言艺术、语言技能是体现教师教学水平的根本。现在，很多新进教师对语言技能没有正确的认识，他们常常认为自己有广阔的视野，有扎实的知识储备，上好一堂课是很简单的事。殊不知，教师如果在语言技能方面有所欠缺，就不能很好地将自己的知识展示在学生面前，不能很好地将一些复杂的知识简单化，从而影响教学的效果。

（二）语言冗繁，缺乏专业性和艺术性

师者，传道授业解惑。中学生物学教学内容中很多知识较为抽象、复杂且难以理解，这就需要教师能够通过语言的艺术，将复杂的问题简单化，加深学生对相关知识的理解和记忆，提升学生的学习效率。然而，在实际的教学过程中，部分教师语言过于冗繁，不是将复杂的问题简单化，而是将简单的问题复杂化，废话连篇，啰哩啰嗦，使得学生对整个课堂教学产生厌倦感，最终影响学生的学习效率。

（三）语言过于平淡和单调，缺乏感染力

语言是一门艺术。比如同样的内容，同样的课堂，一些教师就能够讲得眉飞色舞，学生们听得津津有味；而一些教师却讲得毫无特色，学生在课堂上昏昏欲睡，这就是语言的魅力。当前，一些新进教师由于缺乏足够的经验，且对教学活动往往会有一种紧张感和陌生感，致使过度注重知识本身而忽视了语言的艺术，从而使得整个课堂显得格外的单调和平淡。这种缺乏感染力的语言往往会使学生产生极大的厌倦感，最终影响教学效率的提升。

总而言之，语言是教师教学的基础，是提高教师课堂教学效率的保障。教师应当通过不断地学习，不断总结经验教训，提升自身的语言技能，为促进教学效率的提升奠定基础。

第二节　教学语言技能案例及分析

一、语言应用的专业性、科学性

(一)教材来源

人教版七年级下册第四单元第二章第二节"小资料"。

> **小资料**
> 肝脏分泌的胆汁中没有消化酶,但它能使脂肪变成微小的颗粒,从而增加脂肪酶与脂肪的接触面积,起到促进脂肪分解的作用。脂肪最终被分解为甘油和脂肪酸。

(二)案例分析

(1)学情分析:七年级下册主要学习人体结构,内容多且难,学生经常混淆知识,理不清脉络。

(2)知识分析:在很多资料上把胆汁也称为消化液,在学生的理解中消化液就一定含有消化酶,所以必须让学生理解清楚消化和乳化的区别,才能更好地掌握胆汁的作用。

(3)效果分析:专业语言的表述,知识严谨,表达清楚,一字之差,意思完全不同。凡是书中出现的,以及上课过程中教师用到的专业术语,都必须规范表达,有利于学生更好地理解知识。

二、语音、语调、语速应用的合理性

(一)教材来源

人教版八年级下册第七单元第二章第一节(概念的讲解)。

如:遗传——指<u>亲子间的相似性</u>。　　<u>亲子间及子代个体间的差异</u>。
　　　　　慢速　加重语气　　　　　　慢速　　　　加重语气

(二)案例分析

(1)学情分析:生物的遗传和变异是八年级下册学习的重点也是难点,特别是对很多新专业术语的理解,如遗传、变异、基因、性状、显性、隐性……

(2)知识分析:本章内容陌生概念较多,从一开始就要让学生准确理解每一个概念,为后面的学习打下基础。

(3)效果分析:通过两个概念用不同的语调和语速的对比讲解,加深学生的印象。重要概念的讲解,重要思路的分析,语音、语调、语速的合理应用非常重要,关系着学生学习的效果。

第三节　技能训练和操作

一、训练标准

语言是教师传递教学内容的基本工具,也是教师与学生进行沟通最便捷、有效的媒介。教学离不开语言,加强语言表达能力的训练非常重要,高水平的语言表达能力可以让课堂教学具有显著的效果,因此要提高教师的语言表达能力。

教学语言技能训练能否实现既定效果可参照如下标准:第一,根据教学内容,所用语言是否具有专业性和科学性;第二,从教学目标来看,语言能否精准传达教学知识;第三,从学生角度来看,学生对教师所用的教学语言能否完全接收并精准理解;第四,从语言效果来看,是否吸引人、幽默且具有启发性。

二、训练要求

(一)编写教学语言教案

教案应涵盖以下内容:为什么选择这类教学语言;选用的语言如何促进学生学习;语音、语调、语速是否恰当,是否注意了语言的科学性和学科性;语言与其他教学技能的配合是否恰当;教学语言设计思路是否清晰,条理性和逻辑性是否严密。

(二)教学语言实践训练

教师借助微格教学系统,并按照学生强弱搭配的原则,对班级学生进行技能训练分组,指导学生开展小组合作学习。实践训练操作如下:首先,每位师范生在小组内进行教学语言训练,并由小组成员对训练内容逐一点评;其次,小组成员在组长的组织下集体讨论推选最优语言设计,并对最优设计进行完善、试讲;最后,小组推选组员在课堂上呈现最优设计及设计思路,由教师再对其进行点评,并提出改进与完善建议和意见。

三、训练的量化评价表

表5-1　教学语言技能设计及设计思路解说评价表

班级＿＿＿＿　　授课人＿＿＿＿　　时间＿＿＿＿

序号	评价标准	分值	A(1.0)	B(0.8)	C(0.6)	D(0.4)	E(0.2)	得分
1	普通话教学	10						
2	语言流畅,语速、语调、节奏适中	10						
3	语言准确,逻辑严密,条理清楚	10						
4	语言用词具有科学性和学科性	10						
5	语言简明、生动有趣	10						
6	遣词造句通俗易懂	10						
7	语言发音正确,铿锵有力	5						
8	语言富有启发性、针对性	15						
9	没有口头语和废话	5						
10	教学语言与体态语配合恰当	5						
11	教学语言技能设计思路解说逻辑清晰	10						
	合计							
评价意见								

第六章　导入技能

本章学习目标：1.说出导入技能的概念。
　　　　　　　2.简述导入技能的功能和类型。
　　　　　　　3.知道导入技能的原则和注意事项。
　　　　　　　4.进行导入技能实践训练。

第一节　认识导入

导入是课堂教学过程中的一个组成部分，也是教师在开始一个新的教学内容或教学活动时所用到的一种教学方式。该方式在教学中能激发学生兴趣，调动学生的学习好奇心，为学生创设一个轻松幽默的学习环境，让学生明确学习目的，并有利于学生带着疑问主动获取知识。俗语说得好：良好的开端是成功的一半。有效的导入犹如新知识学习的敲门砖，是教师有效教学的开端，是教师建立师生感情，达到教学默契，顺利进入新内容教学的首要环节。这有利于教师完成课堂教学的各个环节，促进整个课堂教学的有序进行。因此，教师在课堂教学中，根据不同教学内容运用好不同类型的导入方式是教师顺利达成教学目标的关键。

一、什么是导入技能

（一）概念

导入技能作为课堂教学的一项重要基本技能，得到了生物学教师们的一致认可。所谓的导入是教师在一个新知识内容或活动开始时，引导学生做好学习新课的心理准备、认知准备，让学生明确教学内容、教学目的并主动参与课堂教学的一种教学行为。简而言之,导入技能是在新的教学内容讲授开始时教师引导学生进入学习状态的教学行为,即教师在讲授新课内容时,为引起学生注意,激发学习兴趣、动机,明确学习目的和建立知识间联系采取的教学活动方式。

(二)应用

导入是引导学生进入学习的一种行为活动方式,其设计得好坏对教师能否顺利完成教学任务至关重要,它既是一项基本的教学技能,也是一项特殊的语言技能。通常而言,教师多着重在一节课的上课之始设计有效导入,便于课堂教学的顺利进行;实际上,导入有可能会渗入整个课堂教学过程中,如:课堂教学过程中,教师在开设新课程、进入新单元或学习新知识点时,为了激发学生的学习兴趣、调动其学习的好奇心,教师应该在这些环节设计教学内容的导入。

二、导入的功能

课堂开始之初,学生刚从喧闹的课间回到课堂上,尚未准备好进入课堂,师生之间也还未建立教和学的桥梁。这时,教师若能设计吸引学生的课堂导入,能有效激发、唤醒学生的学习热情,对课堂教学的顺利开展将会起到事半功倍的效果。新颖别致的课堂导入,能对学生产生强烈的吸引力,让学生很快进入课堂教学中,便于教师在心理上和行动上刺激学生,潜移默化地将新知识传达给学生,由学生自发构建新知识体系。可以说,优秀的课堂导入是一种创新,是教师智慧的结晶,是课堂教学成功的基础。通常而言,好的导入应该应具有以下五个作用。

(一)调整学习状态,激发学习兴趣与动机(调整状态并激发兴趣)

课堂导入常常是课前骚乱与课堂肃静的分界线。学生从课间休息时的游戏打闹到上课铃响后安静下来,有个过渡转换阶段,所以,课堂导入发挥着不可替代的作用。精彩的课堂导入能让学生在较短的时间内调整好自身状态,尽快进入课堂学习的环境中。导入过程中,教师再配合风趣幽默的讲解方式、漂亮美观的板书、自然大方的姿态语言,更能调动学生学习的好奇心,激发学习新课的兴趣。

（二）引起对所学课程的关注，引导进入学习情境（集中注意）

教师根据课堂教学内容和学生对新知识的认识程度，将知识点与学生自身的实际情况联系起来，引导学生顺理成章地进入学习状态，可以起到先声夺人、先声服人的效果，吸引学生的注意力，使学生一上课就能把兴奋点转移到课堂上来，集中在教学的内容上。这种巧妙地导入新课的方式，让教师做到"箭无虚发"，句句入耳，点点入地。

（三）为学习新知识、新技能作引子和铺垫（启迪思维）

思维是人脑借助于语言对客观事物的概括和间接的反应过程。课堂之始，教师富有创意的开讲，可以点燃学生思维的火花，开阔学生的视野，增长学生的智慧，使之善于发现问题、思考问题并主动去解决问题，还能培养学生的定向思维。

（四）明确学习目的，使学生了解要做什么，应达到何种程度（明确目的）

有经验的教师总是在课堂导入过程中让学生预先明确这节课要学什么、怎样学、为什么要学。当学生的积极性调动起来、思维处于活跃状态时，教师就要适时地讲明学习的目的和意义，从而激发学生学习动机，使学生保持旺盛长久的注意力，并自觉地控制和调节自己的学习活动。

（五）师生情感会在课堂导入过程中潜移默化地得到交流和升华（沟通情感）

良好的课堂导入是沟通师生信息的关键。开始上课教师登台亮相后，一个眼神、一个动作、一抹笑容、一句话语，如果立马能博得学生好感，那便取得了通往学生心灵的通行证，为教学之间的信息交流、情绪反馈打开了通路，铺平了道路，使讲课建筑在学生的期待、信赖、尊重、理解的基础上。

三、导入技能的类型

导入新课的方式很多，任何一种导入方式最终目的都是努力去创造一个愉悦、宽松、和谐的教学氛围，激发学生的学习兴趣，调动学生的好奇心，唤起学生的主动性和创造性。然而,每个教师因自身素质和个性的不同,有着自己独特的教学风格和教学方法;同时,由于教学内容的不同和学生的学习状态不同,教师的导入方法也有不同,但对于生物学教师而言,常见的导入方法有:

(一)直接导入

这种导入方式是中学目前使用最广泛的一种,不需要教师的精心设计,教师仅需要根据教学内容要求最为直接地阐明该节课的学习目的、要求和各个重要部分的内容及教学程序。这种方法较为常规,效果普通。

(二)旧知识导入(衔接导入、复习导入、练习导入)

这是一种由旧知推求新知,即从已知求未知的导入方法。在导入新课时,教师以复习、提问等教学活动开始,把新旧两节课的知识联系在一起进行教学,激发学生的求知欲,使学生参与学习的过程,实现教学内容的"温故而知新",即教师引导学生抓住新旧知识的联系,让学生自然而然地将新旧知识进行衔接。这种导入不仅使学生巩固了旧知识,也为接受新知识作好了铺垫。

(三)实验导入

课堂上教师进行实验是生物学教学活动的重要环节。在导入过程中,教师利用实验中出现的现象或结果去启发学生,提出疑问,以促使学生去思考和探究,从而吸引学生的注意力。这是一种非常有效的导入方式。比如,教师可以在某些章节学习的开始,针对教学内容,巧设一个新颖而巧妙的实验进行演示,让学生通过观察实验过程、现象和结果去发现规律,进行归纳总结,推导出结论。

(四)直观导入

生物学科涉及学生生活的方方面面,与自身联系密切,这要求教师应多采用直观手段进行教学。课堂上,教师使用实物、标本、模型、图表、幻灯、电视片等教具进行演示,再从观察中提出问题,并从解决问题入手,自然过渡到新课教学。这种导入能使复杂的知识简单化,抽象的问题直观化,还能为学生提供生动的感性材料,有效地调动学生的学习积极性。

（五）设疑导入

学生的思考来源于疑问。教师针对教材的关键点、重点和难点，从新的角度巧妙设问，能唤起学生学习的动机，激发学生学习新知识的热情。导入设计时，教师可编拟一些符合学生认识水平又有一定难度、让学生暂时处于困惑状态且富有启发性的问题。教师以疑激思，善问善导，使学生思维尽快得到启动并活跃起来。

（六）事例导入（实例导入）

生物学有许多问题都可以从学生亲身经历过的实践、生活现象或自身的生理现象讲起。教师通过学生生活中熟悉或关心的生物学事例来导入新课，或介绍新颖、醒目的生物学事例导入新课，能使学生有一种亲近感和实用感，能起到触类旁通的效果。这种把知识与生活实际联系在一起的导入方式使学生对知识没有生疏感，容易引起学生的兴趣。

（七）故事导入（典故导入）

研究发现中学生都爱听、爱看有趣的故事。生物学科的科学发现史和发明史中有许多动人的故事。教师根据教材内容的特点和需要，适当地选择与教学内容联系紧密的故事片段作为导入，不仅有利于学生思维能力的培养，而且能够对他们进行科学意识和科学态度的培养。

（八）情境导入

创设情境导入是根据教学内容的特点，利用语言、设备（环境）、活动、音乐绘画等各种手段，创设一种符合教学需要的情境，让学生在此种课堂氛围中潜移默化进入新课学习。这种导入类型使学生感到身临其境，能激发学生思维，调动学生好奇心和求知欲，起到渗透教学目标的作用。

（九）审题导入

审题即对标题或主题深入思考和反复推敲，以理解其含义，弄清其要求，确立其目的的过程。教师在上课之始，先板书课题或标题，然后从探讨题意入手，提出一系列问题，引导学生分析课题，让学生向一定的方向思考进而导入新课。

四、导入技能应用过程

教师根据该节课的教学内容、学生的学习情况以及自身的教学风格设计导入内容，导入方法形式多样，最终目的是达成教学目标。总而言之，导入所采用的资料和内容要与教学的中心问题紧密联系。导入的结构都基本相似，大体包括：引起注意——激起动机——组织指引——建立联系。

（一）引起注意

上课之始，教师要能将学生的注意力集中到课堂上，帮助学生建立即将开始学习的心理准备，导入首要就是吸引学生对教学内容的注意。注意分为无意注意和有意注意两种，导入内容的设计中，教师应先调动学生的无意注意，并将无意注意引向有意注意。一般而言，影响无意注意的因素包括导入活动的强度、差异、变化、新颖程度等。导入时，教师要避免刻板平淡、千篇一律，同时在导入过程中，教师还应观察学生的状态，如学生表现出举目凝视、侧耳细听、思考问题、顿时安静、紧张屏息等状态，说明已成功引起学生注意。

（二）激起动机

学习中最现实、最活跃的成分是认知兴趣，即求知欲。中学生一般对周围世界知之不多，因此，在导入中创设引人入胜的情境能刺激他们产生学习的兴趣。与此同时，教师还应该提出要求，并说明知识内容的重要性和学习的意义。

（三）组织指引

学生面对即将学习的新知识基本都是处于茫然和不知所措的状态，尤其是学习能力不足的中学生。因此，在新知识讲解的导入过程中，就需要教师给学生指明学习任务，安排课程学习进度，尽量让学生了解学习目的、学习程序并自行调整好学习状态。

（四）建立联系

通常，学生主动关注或感兴趣的教学内容一般都是有一定了解，但是仅浮于表面认识又不是很清楚实际内涵的内容。教师在导入时，就应该抓住这种心理特点，设计的导入应以其所知、喻其不知,并对学生已经学过的知识进行温故,再在此基础上建立新旧知识之间的联系。

五、导入应用原则与要点

(一)导入应明确目的,切忌生搬硬套,缺少针对性

课堂教学中,新教师常常会直接照搬现有的导入素材,而不考虑现实的教学背景和学生的学习习惯,使得本是利于教师调动学生积极性与好奇心的优秀素材,却成为一个影响学生学习的"障碍"。这样的导入往往会适得其反,使学生失去学习的兴趣,势必将大大降低课堂效率。导入一定要根据既定的教学目标来精心设计,明确本课堂学生要学什么内容、怎么去学、为什么要学这些内容,教师根据教材和学生情况,有针对性地设计适合的导入,以利于达成课堂教学目标,让导入成为完成教学目标的一个必要而有机的部分。

(二)导入应具有关联性(迁移性),切忌导入内容与所学内容无关

课堂教学情境的创设应服务于本节课的教学内容,如果创设的情境与教学内容无关,导入即使设计得再精彩、再有趣也是无效的,虽然导入成功吸引了学生的注意,但没有将学生引入新知识学习的教学情境中,这种注意也只是昙花一现,难以保持。导入应围绕本节课的教学内容去设计,它是新学知识的准备和补充,是新课内容的组成部分,导入要有利于学生对教学内容的学习与理解,有利于教师对教学内容的顺利展开。

(三)导入应具有趣味性、有一定的艺术魅力,切忌内容枯燥乏味

新课导入内容要新颖,引证要生动。教师应根据学生的年龄特征和学习状态,结合所学内容,利用生物学史、名人轶事、问题悬念、高科技新成果等作为沟通师生之间感情的媒介,在具体实施过程中,再做到语言幽默风趣、引人入胜、情趣盎然,更有利于吸引学生的注意力,调动学生学习的积极性。

(四)导入应具有一定启发性,切忌注入式教学

启发式教学是教师在教学过程中,依据学生的客观规律,引导学生主动、积极、自觉

地掌握知识的过程,其关键在于激发学生的思维,让学生独立思考,调动学生学习的积极性和创造性,挖掘学生内在的潜能,发挥其主观能动性。因此,教师在导入设计时,要采取启发诱导的方法,激发学生思考,活跃他们的思维,促使学生积极探索,努力进取。

(五)导入应建立教师和学生有效的沟通渠道,切忌自导自演

教师角色是服务于学生,教师教的最终目的是学生的学,教与学二者密不可分,相辅相成,有效促进。相互配合、良好沟通能为教学内容的传递创设良好的输送通道,便于教师高效传递新知识信息。教师应该在导入过程中尽可能地建立教师、学生和知识信息三者之间的整体系统,打通教与学二者的输送渠道,而不能与学生脱节。

六、导入技能应用注意事项

众所周知,有效的课堂导入能为学生学习新知识起到良好的铺垫作用,保证课堂教学各环节的顺利进行,从而提高教师的课堂授课效果和学生听课效率。课堂导入应用的最终目的是教师能顺利达成教学目标,学生当堂消化新知识。教师要想发挥导入的有效性,在应用时应注意以下几点。

(一)导入要注意内容和形式的多样化

导入最重要的功能就是激发学生兴趣,引起学生的注意,如果导入内容和形式千篇一律,自然难以引起学生的兴趣。因此,教师在设计导入环节的时候,一定要尽量地做到内容和形式的多样化,让学生对导入总是保持着一种新鲜感,这样才能有效保证导入的效果。

(二)导入内容要注意直观生动化

生物学内容涉及生活中的方方面面,既包含了学生能直接感知的宏观世界,也涵盖了肉眼所看不见的微观世界,这些内容的理解需要借助学生的抽象思维和空间想象能力。然而,这对于尚处于思维理解直接型的中学生来说无疑是一个很大的挑战。在这种情况下,导入环节的设计尤为重要,它是学生能否主动学习抽象内容的关键。在导入环节,教师若能利用一些直观的材料作为导入内容,生动地将教学内容引出,可以很好地引

起学生的注意,达到非常好的效果。

(三)导入要注意简洁明快,直达主题

在课堂上,导入环节不宜过长,就好比大餐前的开胃菜不宜吃得过饱一样,如果导入时间太长,不仅会占用接下来的新课讲授时间,还会耗费学生过多的精力,使得学生在进入真正的知识学习以后,反而没有了兴趣。因此,教师在设计导入的时候一定要注意把握时间,导入环节应尽可能简洁明快,努力用最短的时间把学生的注意力迅速地吸引到课堂上来,便于学生新知识的学习。

(四)导入要注意与学生有效互动,实现师生渠道畅通

由于生物学特定的学科性质,在中学生物课堂中,小视频、小实验等形式经常被用来作为导入的手段。然而,有些新教师在用多媒体设备播放视频导入时,大多都没有视频的解说,还有些新教师对实验操作不是很熟练,在用小实验做课堂导入时,也仅仅集中于实验操作,鲜少有和学生的语言交流。这种导入忽视了教师和学生的情感交流与互动,学生会认为老师的教和他们无关,他们的学老师也不会关心。如此持续下去,整堂课会显得死气沉沉,不能形成良好的师生教与学的氛围。然而,有的教师又太过于注重形式上与学生互动,喜欢在课前进行频繁的提问。太过频繁的提问会使学生心理上长时间处于害怕被老师点到的焦虑状态,若被点到的学生回答不上来又可能导致其失去听课的兴趣。

(五)导入要注意内容的层次性,逻辑的严密性

中学生物学课程多数教学内容都是层层递进、环环相扣的,这些内容特别需要教师帮助学生梳理好知识点并且有逻辑性地教授给学生。上课前,教师应该对这些知识的逻辑关系做到了然于胸,对如何引导、如何讲授有一个清晰的思路,要将每一个环节合乎情理地串联起来,绝不能想到哪里说到哪里。教师毫无层次性和逻辑性的导入会让学生感觉到十分困惑,无法找出知识点间的联系,思维也会跟着教师变得混乱。

第二节　导入技能案例及分析

一、直接导入

(一)案例1

(1)教材来源:人教版七年级下册第四单元第二章第三节《合理营养与食品安全》。

导入设计:同学们请回忆一下,今天早餐你们吃的食物主要有哪些啊?

学生a:有包子和稀饭。

学生b:一碗面条。

学生c:一包辣条。

学生d:一杯热牛奶和两片面包加一个鸡蛋。

学生e:什么都没有吃。

教师:那你们知道这样吃营养吗?科学吗?接下来我们就学习有关合理营养的知识,你吃得是否科学、是否营养一会儿告诉我好吗?

(2)案例分析:学生肯定能记得当天的早餐吃了什么,学生也都愿意积极参与回答与早餐有关的提问,并且也很感兴趣一餐饭该如何搭配才算合理、营养。因为这是和学生生活密切相关的共同话题,所以学生们都急不可待地想知道本节课的内容,教师以这种方式进入课堂能直接吸引学生听课的欲望。

(二)案例2

(1)教材来源:人教版七年级下册第四单元第四章第二节《血流的管道——血管》。

导入设计:也许同学们感觉不到,但在你的身体里有一条条繁忙的运输线,它们将来自消化道的营养物质、来自肺部的氧气,迅速运往你身体的每一个细胞,同时将细胞生活中的废物及时运走。这些运输线就是遍布全身大大小小的血管,今天我们就来学习有关血管的知识。

(2)案例分析:学生知道运输物资需要公路上的货车、海上的轮船、天空中的飞机,教师进而引导学生认识人的身体所需的生活物质,也有自己的专属运输线——血管。教师以这种方式直接进入主题,让学生清晰明白本节课学习的主要目标。

二、旧知识导入(又称衔接、复习、练习等导入)

(一)案例1

(1)教材来源:人教版七年级下册第四单元第四章第一节《流动的组织——血液》。

导入设计:上学期我们学过了人体的四大组织,分别是哪些组织呢？血液又属于哪一种组织呢?(学生回答:结缔组织)为什么这节取名为《流动的组织——血液》呢?(学生回答:因为血液是液体,具有流动性)这种组织有哪些功能呢?(学生回答:支持、连接、营养)所以我们生命活动所需要的营养与血液有着重大的联系。

(2)案例分析:《流动的组织——血液》是人教版七年级下册的内容,而在人教版七年级上册已经学习了人体的四大组织,教师可以利用回忆旧知识来导入,既复习了前面所学内容,又为接下来所学的知识做了良好的铺垫,能让学生温故而知新,也为学生建立整体的知识体系打下基础。

(二)案例2

(1)教材来源:人教版八年级上册第五单元第四章第四节《细菌和真菌在自然界中的作用》。

导入设计:前一章我们学习了细菌、真菌,那么从形态上讲,细菌和真菌的最大区别是什么?(学生:细菌没有细胞核,只有核区,而真菌具有成形的细胞核,具有完整的细胞结构)我们学习过的细菌按形态可分为哪些类型?(学生接述:球菌、杆菌、螺旋菌)我们学过的真菌有哪些?(学生接述:酵母菌、青霉、曲霉,还有蘑菇等食用菌)。细菌和真菌个体虽然小,不像动植物那样惹人注目,但它们在生物圈中的作用不可低估。这节课让我们共同关注细菌和真菌在自然界中的作用。

(2)案例分析:教师先通过提问复习前面刚刚学习的知识,再次让学生了解有关细菌和真菌的知识,接着再次强调这节课要继续学习有关细菌和真菌的知识,明确这节课的主题。这样的导入既考查了学生对前一节课知识的掌握情况,又体现了课与课内容的紧密联系;同时,还创设了学习情境,激发学生的学习兴趣,让学生自然而然想到细菌和真菌在自然界中的作用,行云流水般引入新课。

三、实验导入

(一)案例1

(1)**教材来源**:人教版七年级下册第四单元第六章第三节《神经调节的基本方式》。

导入设计:在讲解新课之前学生配合教师完成一个小实验——一名学生被蒙住眼睛,教师用一根牙签刺其手指心,其他学生观察该学生做出的反应。为了让其他学生也亲身经历、亲自感受,教师可以让学生之间相互配合去完成一个小活动"打手掌"游戏——学生甲去击打学生乙的手掌,学生乙迅速躲避。每位学生进行十次,看看谁被打到的次数最少。学生做完小活动之后,教师给学生设立一个问题——这两个活动是在人体什么系统的调节下完成的呢?学生回答后,教师又继续提问——该系统是通过什么方式来调节的呢?这节课我们就来探究这方面的问题。

(2)**案例分析**:课堂上,教师通过让学生观察实验现象,并亲自体验实验过程,亲自发现规律、探索原因,进而在教师引导下,对所学知识进行归纳总结,推导得出结论。这样让学生亲自参与的实验导入能激发学生学习的好奇心和求知欲。

(二)案例2

(1)**教材来源**:人教版八年级上册第五单元第四章第五节《人类对细菌和真菌的利用》。

导入设计:在上课铃声敲响之后,教师立刻让学生把本节内容里的演示实验翻开,并告知学生仔细观察老师动手的演示实验(发酵实验),教师在上课之前预先准备一个广口瓶、一个气球、一小包酵母、一小包白糖、一根玻璃棒、一些温开水等材料用于完成实验,实验完成后把套上气球的广口瓶放在教室靠后的窗户边(尽量不让学生看到),并告诉学生答案一会儿揭晓,前提是必须认真学习本节内容。

(2)**案例分析**:此时,学生很好奇到底这个实验和本节课有什么关联,所以学生很想知道教师课堂上讲述的关于发酵的现象会不会在这个瓶子里出现。这种方式能让学生产生极大的好奇心,并积极主动融入课堂。课堂开始一段时间后,教师根据教学内容与刚才演示实验的关联性,引导学生观察瓶子的反应现象,让学生主动获取教学知识。这样,能让学生自己发现所学知识的神奇之处,从而更加激发学生认真学习之后内容的动力。

四、直观导入(演示导入)

(一)案例1

(1)教材来源:人教版七年级下册第四单元第六章第四节《激素调节》。

导入设计:教师课前收集班级内部分学生(男生、女生)的幼时照片,授课时展示给学生,让大家来猜一猜他(她)是谁。在征得学生同意的前提下,可以重点展示几位小时候长得像男孩,而进入青春期之后明显出现女孩特征的同学。通过对比身边同学的变化,很自然地引出问题:"出现这些变化的原因是什么?"教师也可以根据学生追星的心理,用学生非常熟悉的明星幼年时期的照片与现在的照片对比,可以取得同样的效果。

(2)案例分析:利用学生自身生长发育过程中的明显的变化,激发学生透过现象认识本质的兴趣,让学生顺其自然地进入本节课的学习内容。同时,教师把抽象的"激素"概念与学生的日常生活联系起来,强调学生成长过程中身体的变化与激素有关。这种将所学知识具体化、直观化的方式,提高了学生对新知识的学习好奇心。

(二)案例2

(1)教材来源:人教版八年级上册第五单元第四章第三节《真菌》。

导入设计:教师课堂上出示新鲜的蘑菇、木耳、银耳、袋装酵母菌等,并提出问题:"同学们知道形态各不相同的它们都有一个共同的名字吗?"教师接收到答案后,统一回答:"它们都统称为真菌,那么今天我们就来学习有关真菌的知识。"

(2)案例分析:课堂上,学生会对突然出现的直观教具模型兴趣满满,教师通过展示学生日常生活中见过但通常都被称为植物的真菌,创设了学生日常生活中的认知冲突,让学生产生疑惑,达到了"不愤不启,不悱不发"的状态,这种方式有效调动了学生学习本节内容的兴趣,让学生在教师的引导下自己获取知识。

五、设疑导入(激疑导入)

(一)案例1

(1)教材来源:人教版八年级上册第五单元第一章第二节《线形动物和环节动物》。

导入设计:教师出示蛔虫和蚯蚓的图片,让学生猜测,这两种外形看上去很相似的动物,是否具有相同的特征？是否是同一类群的动物？学生们有的认为是同一类群,有的则认为不是,教师在此铺设疑惑,并告知学生,这节课我们就以蛔虫为例学习线形动物,以蚯蚓为例学习环节动物。

(2)案例分析：由于蛔虫和蚯蚓从外形看很相似,难免有学生认为它们是同一类群的动物,当学生被告知蛔虫属于线形动物,蚯蚓属于环节动物,它们并不是同一类群时,立马激发了学生想弄明白外形相似却不属于同一类群的原因,从而激发了学生学习本节内容的兴趣。

(二)案例2

(1)教材来源：人教版八年级上册第五单元第一章第六节《鸟》。

导入设计：教师展示一段鸟类自由飞翔的录像,之后感叹人类为什么不能自由自在地翱翔于天空？是由于没有翅膀吗？如果给人类装上一对翅膀是否也可以在天空中翱翔呢？有的学生赞同地不断点头,然而有的同学却大声地说道,还是不能飞,因为没有发达的胸肌。于是,老师直接设疑,即使人类装上了翅膀也不能飞翔,那么鸟类除了拥有翅膀,还具有什么结构特点能使之自由翱翔于天空？本节课我们一起探究。

(2)案例分析：学生从鸟类外部形态来看认为鸟类能飞翔是由于拥有一对翅膀,所以多数学生认为只要人类安装上翅膀就能如愿飞翔,但直接被同班级的其他学生否定。教师巧妙抓住学生的好胜心,进而激发了学生的求知欲和好奇心,调动了学生在课堂上认真听课的积极性。

六、事例导入(实例导入)

(一)案例1

(1)教材来源：人教版七年级下册第四单元第四章第一节《流动的组织——血液》。

导入设计：新闻报道某厂矿有一位工人,十几年间共献血约12 000 mL,救活了上百名全国各地的患Rh系统新生儿溶血病的小生命,使他们健康地存活下来。紧接着教师对学生说："请大家想一想,12 000 mL血液,可将全身血液抽干几次？这位可敬的工人以自己的回天之力,使上百个人健康活着,让上百个家庭充满了欢乐。假如你遇到这样的情况,你会伸出援助之手吗？假如你是这被救的百人之一,你又会怎么做？"

(2)案例分析:该报道唤起了学生的同情心,也激发了学生认识血液的兴趣,学生很想明白什么是溶血病、人体内需要多少血液维持生命等,教师以这种方式启发了学生的思考,激发了学生的兴趣,教师还可以通过该报道实施感恩父母的教育。

(二)案例2

(1)教材来源:八年级下册第七单元第二章第三节《基因的显性和隐性》。

导入设计:教师给学生讲一个真实事件。我曾经教过的一个学生,他的爸爸妈妈都是双眼皮、大眼睛,而他却是单眼皮、小眼睛。由于自己眼睛的特点和父母相差甚远,为此该学生十分郁闷,甚至有时偷偷掉眼泪,怀疑他也许是爸爸妈妈捡来的孩子。直到学习了今天的知识,才解开了他心中的疙瘩。同学们能不能解开这个问题的谜底呢?比较自己有哪些特征和父母不一样。

(2)案例分析:教师把极为抽象的微观基因与现实生活中的可见现象结合起来,使抽象问题生活化、具体化,并能让学生通过自己所学的知识解答现实生活中的种种疑惑,学生学习新知识的兴趣可想而知。

七、故事导入(典故导入)

(一)案例1

(1)教材来源:人教版八年级上册第五单元第一章第五节《两栖动物和爬行动物》。

导入设计:教师播放小蝌蚪找妈妈的故事。教师问"小蝌蚪开始为什么找不到妈妈?蝌蚪和青蛙妈妈有哪些区别?"学生自由回答。教师:蝌蚪是青蛙的幼体,生活在水里;青蛙的成体能生活在陆地上,也能生活在水中。像青蛙这样的动物就是两栖动物。下面我们来学习有关两栖动物的知识。

(2)案例分析:教师利用一个学生们熟悉的故事来带领学生思考故事里存在的一些情节因素,让学生们明白自然科学的趣味所在,离大家的生活是那么近,同学们可以利用自己学到的知识去解释一些大自然的奥秘,从而激起学生学习的兴趣。

（二）案例2

(1)教材来源：人教版八年级上册第五单元第四章第二节《细菌》。

导入设计：教师在上课之前先给学生讲故事，故事如下：在17世纪后叶，有一个出生在穷苦家庭里的小男孩，他的父亲患病无钱医治而早早去世。为了维持生活他到一家杂货店里当学徒，一天干12小时的活，天天累得疲惫不堪，可是他很有志气，绝不肯向苦难的命运低头。他想尽办法学习知识，学习本领。这家杂货店的近邻是一家眼镜店，他一有时间就到眼镜店里观察磨制镜片，渐渐对磨制镜片产生了兴趣，有时间也试着磨一磨，这样就慢慢掌握了磨镜片的技术。同时也了解了什么样的镜片可以使人看的东西变大，什么样的镜片可以使人看远处的东西看得真切。过了五六年杂货店倒闭了，他又失业了，后来在市政府找到了一个看大门的工作，他一边自学文化知识，一边精心细致地磨镜片。这时他产生了一个愿望，就是要制造一个能够放大物品的仪器，来观察肉眼看不到的小东西，他不知失败过多少次，不知度过了多少个不眠之夜，起了多少血泡，不知受过多少人多少次的讥笑，但是到最后终于取得成功，一块质量完全合格的高度镜片顺利地完成了，之后这块高精度镜片被装在了一块金属板上，还安上了调节镜片的螺旋杆，世界上第一台显微镜就这样诞生了。由于这种仪器的极大成功，他成了显微镜发展史上最杰出的人物，他就是荷兰人列文虎克。今天我们之所以知道有细菌就离不开他的功劳，接下来我们就来学习有关细菌的知识。

(2)案例分析：教师通过这个故事让学生充分地明白今天花几分钟学到的知识有可能是科学家们几十年甚至更长时间的研究得来的，这能让学生懂得科学探究的过程必须要不怕辛苦，且持之以恒，让学生怀着敬畏之心来学习本节课内容。

八、情境导入

（一）案例1

(1)教材来源：人教版七年级下册第四单元第六章第二节《神经系统的组成》。

导入设计：教师利用"反话游戏"导入，即教师说举右手，学生必须举左手；教师说坐下，学生必须站起来；教师说向左转，学生必须向右转……开始可能有些学生做不好，但是经过几次训练之后，绝大多数学生都可以做好。然后提出问题"同学们为什么可以对这样一些混乱的指令做出正确的反应呢"，从而启发学生思考：身体的各个器官只有在大脑的指挥下才能做到协调配合。

(2)案例分析:教师通过一个小游戏,引导学生明白完成这么复杂的活动,不仅需要大脑作为指挥中心,还需要其他的一些器官和结构一起来协调、配合完成,也就是神经系统不只有脑,还有脊髓、神经等,一个整体,齐心协力,才能共同完成各种复杂、精细的活动。

(二)案例2

(1)教材来源:人教版七年级上册第一单元第一章第二节《调查周边环境中的生物》。

导入设计:教师通过媒体播放图片并配以解说:"同学们,在我们身边有许多种生物,它们与人类朝夕相处。有些是我们所熟悉的,如催人晨起的公鸡、看家护院的爱犬、阳台上五颜六色的花草等;有些却没有引起我们的注意。为了更好地了解它们,让我们一起来做一次调查。"教师通过身边熟悉的生物让学生感到亲切,同时又引起了学生的好奇:什么生物我还没注意呢?学生的好奇心调动起来了,自然就增强了注意力。

(2)案例分析:这种让学生自己制订调查方案并实施的做法,有利于扩大学生自主探究的空间,促进了学生学习方式的转变,变被动接受为主动索取,使学生成为课堂的主体,变"一言堂"为"群言堂"。

九、审题导入

(一)案例1

(1)教材来源:人教版七年级上册第一单元第一章第一节《生物的特征》。

导入设计:教师首先告诉学生据目前记载已发现的生物有两百多万种,而人类就是其中一种。既然人类是生物,请学生列举自己平时都有哪些习惯特征,待学生列举完之后再播放视频资料——长白山风光片,展示长白山的秀美山川和丰富的动植物资源。教师从学生熟知的长白山导入新课,把学生带入生物圈之中,使学生产生一种熟悉感,从感性入手,拉近了课程与学生的距离,同时激活了学生已有的知识点,为后续教学打开了局面。

(2)案例分析:生物对于七年级的学生来说,在实际生活中见到的很多,并不陌生,对于生物的几个特征也有一些认识,所以通过学生自己平时看到的景象入手,让其自行进行分析,即可认识到生物所具备的一般特征。

(二)案例2

(1)教材来源:人教版八年级上册第五单元第二章第二节《先天性行为和学习行为》。

导入设计:课堂伊始,教师就根据教学知识点提出问题:从"先天性"这个词不难知道这种行为的获得时间是什么时候?(生来就有),那么按照这样的理解学习行为的获得时间又是什么时候呢?(出生之后逐渐获得,后天获得)因此也叫后天行为。那么这两种行为到底有哪些区别呢?哪些行为是先天性行为?哪些行为又是学习行为呢?接下来我们一起来探索。

(2)案例分析:学生直接从这两种行为的命名就知道先天性行为和学习行为获得时间不同,那么还有什么不同呢,以此为激发点,激发学生探索的欲望,调动其自主学习的兴趣。

第三节 技能训练和操作

一、训练标准

课堂教学的导入,不仅起着承上启下的作用,而且也是激发学生学习兴趣、明确说明教学目标的重要环节,还起着组织教学的作用。新教师掌握课堂导入技能是课堂教学良好的开端。训练时,教师应从导入的目的与要求、导入的结构与方法等方面对师范生或者新教师进行有效训练,让他们熟悉并掌握各种常用的导入方法。

导入技能训练能否实现既定效果可参照如下标准:第一,从授课内容来看,导入是否自然,衔接是否得当;第二,从教学目标来看,导入是否与其紧密联系;第三,从学生角度来看,导入的内容是否能激发学生学习的动机以及面向全体学生;第四,从导入作用来看,是否具有启发性。

二、训练要求

(一)编写导入教案

教案应涵盖以下内容:为什么选择这种导入方法;导入方法如何促进学生学习;选材是否恰当,是否注意了导入技能的执行程序;导入的是一个概念、一个原理、一节课还是一个活动;关于这个内容能否用其他的方法导入;教案是否紧凑、逻辑是否严密。

（二）导入实践训练

教师借助微格教学系统，并按照学生强弱搭配的原则，对班级学生进行技能训练分组，指导学生开展小组合作学习。实践训练操作如下：首先，每位师范生在小组内进行导入训练，并由小组成员对训练内容逐一点评；其次，小组成员在组长的组织下集体讨论推选最优导入设计，并对最优设计进行完善、试讲；最后，小组推选组员在课堂上呈现最优导入设计及设计思路，由教师对其进行点评，并提出改进与完善建议和意见。

三、训练的量化评价表

表6-1　导入设计及设计思路解说评价表

班级_____　授课人_____　时间_____

序号	评价标准	分值	A(1.0)	B(0.8)	C(0.6)	D(0.4)	E(0.2)	得分
1	导入的目的明确，利于学生融入学习情境	10						
2	导入形式新颖、创新，能引起学生注意	15						
3	导入内容设计符合学生认知水平	10						
4	导入具有启发性，能点拨思维	15						
5	导入表达流畅、语速适当、有激情	10						
6	导入过渡自然	10						
7	导入有针对性，与教学内容紧密联系	10						
8	导入时间掌控好	5						
9	导入面向全体学生	5						
10	导入技能设计思路解说逻辑清晰	10						
	合计							
评价意见								

第七章　讲解技能

本章学习目标：1.说出讲解技能概念。
　　　　　　　2.列举讲解技能的形式。
　　　　　　　3.简述演示技能原则、要求和注意事项。
　　　　　　　4.进行讲解技能实践训练。

第一节　认识讲解

课堂教学中，大多数的时间都是教师用语言传达课堂教学内容。根据课程标准的要求，教师在传授知识的过程要以学生为中心，让学生自主获取新知识，而不是教师将知识强灌给学生。因此，教师设计较为有效的讲解方式显得尤为重要。教师要让学生理解知识，就应该通过巧妙的讲解设计引导学生自然而然地实现这种"理解"。这个过程就是教师将教学内容中的知识转化为学生认识的过程，即讲解作为"知识"转化为"认识"的桥梁或纽带。教师用最少时间，将最大容量的知识传递给学生，以获得最高效的教学效率。

一、什么是讲解技能

自古以来，教师在课堂上几乎都是运用语言传递教学知识，向学生说明、解释各类知识。在运用语言传递知识的过程中，教师要巧妙运用通俗易懂且具有科学性、专业性的口头语言组织教学内容。这样符合学生的认知规律、知识建构要求，让学生对知识点的学习遵循一定的逻辑结构和层次。这对一名即将踏入教师行列的生物学科新教师显得尤为重要。

(一)概念

讲解技能指教师在课堂上运用口头语言引导学生理解重要事实,认识概念、原理、规律等,以促进学生智力因素和非智力因素的发展,并对学生进行思想教育和情感熏陶的一种教学行为方式。其最终目的在于使学生对教学内容的认识由感性上升到理性。

(二)结构

通常而言,讲解的内涵包含两个层次和三个要素,这五个方面是讲解的核心,也是讲解的灵魂,它决定着教师能够游刃有余地使用讲解技能有效地完成课堂教学。

1. 两个层次:外显、内隐

外显是教师的外在表现,如谈吐、气质、能力等。这是学生在课堂上对教师最先入为主的认识,常言道"人与人之间第一印象很重要"。内隐是教师内在素质的体现,如教师长期的知识积累,既包括教师对教学内容的深入理解和认识,又包括教师对与教学内容有关的外延性知识及相关教学方法的掌握。

2. 三个要素:才——才能,学——学问,识——见识、方法

```
外显    才
........................
内隐    学  识
```

(三)特性

(1)语言性:普通话,语速、语音、语调的合理化。

课堂讲解要运用语言作为教师和学生的媒介。标准的普通话是学生在课堂学习中能准确掌握教师所传达教学信息的前提。在讲解教学内容过程中,教师还应配合适当的语速、音量以及不断变化的语调,顺利完成讲解。

(2)协同性:与导入、板书、演示、提问、纪律管理、学法指导等技能的运用协调同步。

教师在课堂教学中,使用最多的教学方法是讲解,但整个课堂不会单一以讲解的形式出现,而是在其中穿插提问、板书、课堂纪律管理等教学方法,以实现新课标理念的要求。

(3)连贯性:一系列实际动作按合理完善的程序有序开展。

课堂讲解过程是教师通过对教学内容深入理解并消化后,设计出利于学生吸收的讲解方式,并按照设计好的讲解步骤逐一完成教学内容的传递,该过程具有很强的逻辑性和针对性。同时,设计的讲解方式还应该便于教师实施,要具有简练性和时机性。讲解的每一个既定步骤都是环环相扣,有序开展的。

因此,讲解技能不是短时间内通过初步的理论学习而实现的,它是要经过一个长期实践、挖掘潜能、不断完善的指导性训练而获得的,是由必然王国进入自由王国的过程。

二、讲解技能的利与弊

(一)讲解技能的优势

讲解是课堂教学中最主要、最常用的方式。课堂上,讲解式教学中教师起着主要作用,教师要将学生所学内容整体性、层次性地呈现出来,使学生能在短短一节课的时间内获得大量知识。它有利于教师教学效果的大幅度提高,有利于引导学生全面深刻、准确地理解教学内容,实现教学内容由教师到学生的传递,促进学生能力的整体发展。讲解的优越性具体表现在:

1.联系新旧知识,形成完整体系

课堂讲解能使学生明确新知识与原有知识经验之间的联系,明确新知识中各要素之间的关系,引导学生在原有认知结构的基础上,感知、理解新知识、新概念和新原理。教师在传授新知识时,通常都会以学生原本具有的知识结构为基础,再根据其与新知识的相关性,确定讲解的方式和讲解的内容,通过这种清楚并生动的讲解能帮助学生把新学的知识内容不断纳入自己固有的知识建构体系中,使学生在新旧知识之间建立起实质性联系,形成完整的体系。

2.启发思维,发展认识能力

课堂讲解即是向学生系统地传授知识,引导学生动脑筋思考问题的过程。教师富于启发式的讲解,能把学生的思维活动有层次地步步引向深入,这不仅能使学生对新知识从感性认识上升到理性认识,同时还能帮助学生学会思考问题,发展学生的认识能力(如观察力、思维力等)和实践能力(如动手能力、实验能力等),同时也培养了学生独立发现问题、分析问题、解决问题的能力。

3. 培养求知兴趣,激发学习动机

通常在课堂教学中,想要让学生对新知识的学习由被动接收转变为主动获取,教师可以通过课堂讲解创设饶有趣味、引人入胜的学习环境,调动学生学习的兴趣,培养学生求知欲,从而激发学生学习动机。学习兴趣是一种积极的心理倾向,这种倾向能让学生主动愉快地探究自己感兴趣的事物,并乐此不疲。为此,教师在教学中应采取多种方式,培养学生的学习兴趣,激发学生的学习动机,并结合教学内容的情感表达,引导学生在思想上树立正确认识。

(二)讲解技能的不足

讲解是课堂教学中,教师最为常用的教学技能。讲解能在较短的教学时间内输出较多的教学信息,有效提高教学信息的传递效率,对于教师而言,具有"省时""省力"的优势。然而,教师讲解只单方面实现了教学信息的传递,全面性不够,其不足之处在于:

1. 讲解把学生置于被动地位

课堂讲解的核心是教师在课堂上对教学内容的解说和解释,学生要集中注意力认真聆听讲解的内容,教师牵引着学生的思维活动。然而,课堂上学生处于被动接受的地位,师生交流或学生的信息反馈没有或者极少,教师难以掌握学生在课堂上接收信息的情况,学生也缺乏自主思考和主动获取信息的课堂环境,这将会影响学生的学习力和创新力。

2. 学生只听不干,无感性认识,无亲身体验

从学的角度来说,教师讲解是一种学生单向接受的学习方法,学生在课堂上只需要聆听即可,学生对教学信息没有直观的感性认识,也没能参与到新知识的体验学习中。然而,生物学的学科特点强调的是直观性和实验性,生物学课程的学习仅仅只靠教师单方面的讲解显然不足。

3. 教师获得的反馈信息较少,不利于因材施教

课堂上,学生在教师的讲解过程中,不仅要认真聆听,还需要将知识经过大脑的整理并储存起来。有限的课堂时间加上有限的知识储备,学生难以有充分的时间对教学信息进行及时反馈,学习的主动性不够。因此,教师的讲解应以学生学习为基础,因材施教,二者建立良好的渠道。

4. 讲学信息的传递方式"单边化",且学生记忆时间短暂

课堂讲解是目前中学教师最常使用的一种教学方式,这种方式能在较短的时间内注入较多的教学信息,也是目前教学信息传递速率最高的教学方式。然而,教师仅通过单向性的传输,难以和学生建立有效的教与学关系,若从长时间的学习跨度来衡量学生的学习成果,这种"单边化"教学方式的效果不是很好,而且学生在这种方式下接收的教学信息的保持率也较差。据美国约瑟夫·特雷纳曼研究测试,教师讲解15分钟,学生记住41%;讲30分钟,学生只记住前15分钟内容的23%。

总体而言,讲解技能要与其他教学技能密切结合,才能弥补和避免其不足,实现教师和学生的良好沟通,实现教学信息的高效传递,实现教学目标的顺利达成,最终实现教学效果的提升。

三、讲解技能的原则和要求

(一)讲解的基本原则

1. 学科性和科学性

教师在课堂上通过讲解的方式传递教学信息时,一定要注意讲解的学科性和科学性。学科性是指教师运用本学科的教学术语(专业术语)进行教学,尤其在生物学科中某些专业名词的含义存在民间叫法,如民间称的人体的肚子包括了人的腹部和胸部的一部分,教师在课堂讲解时应使用教学术语清楚告知学生,避免学生对知识点的错误理解。科学性是指坚持科学态度(实事求是),讲授科学内容(客观真理),弘扬科学精神。科学性讲解也利于培养学生以辩证的思维方式去认识事物、客观地对待科学。所以教师在课堂讲解时,应做到用词准确、合乎逻辑。

2. 教育性和针对性

教师课堂讲解的对象是学生,讲解的目的也是为了学生。所以讲解的内容要以学生已知的经验范围为基础,以让学生能够理解的方式去讲,不能超越学生的认识能力;同时,表达上要深入浅出、通俗易懂、简单明了、生动活泼。

教师还应该时刻把握讲解过程应体现对学生的尊重、鼓励、爱护等,表现在调动学生学习的积极性,培养学生自尊、自爱意识,进行文明礼貌教育等方面;教师还应注重身教,业务上精益求精,在思想、道德、情操等方面提高修养,成为学生心目中的榜样。

3. 简明性和启发性

每堂课的时间仅40~45分钟,在有限的时间内要完成教学信息的传递,达成既定的教学目标,教师的课堂讲解切忌啰嗦,要做到简单明了,学生一听就能明白。内容上精简提炼、选词用语上要推敲选择,给学生留有思考的余地。

教师课堂讲解时,还应该注重启发学生对学习目的、意义的认识,调动其学习主动性;启发学生对教学信息进行分析、对比、归纳等,引导其分析问题、解决问题;激发学生审美情趣,丰富其思想感情。

4. 适应性和情感性

教师的课堂教学和学生的学习二者相辅相成、相互促进。教师的"教"应该有效适应学生的"学",教师应按照学生的认知规律对教学信息进行处理,教学内容选择精讲或略讲应合理把握。而且,学生要听得清教师的语音,听得懂语义。教师讲解时应倾注满腔热情,情思横溢,情理交融,使学生产生情感共鸣。

(二)讲解的基本要求

教师在课堂讲解过程中至少要符合以下几点基本要求,发挥讲解的优势,完成教师的教学目标。基本要求包括:第一,充分利用旧知识,抓住新旧知识的联系,使新知识自然地从旧知识中脱颖而出;第二,多运用对比类比,以期达到区分和抓住事物本质特征及其联系的目的;第三,讲授知识的同时,必须讲思路、讲规律、讲方法,使学生从中学到正确的思维方法和学习方法,有利于学生在未来的探索中自由驰骋;第四,在覆盖基本知识面的前提下,语言要简洁、富有吸引力。

四、讲解技能的类型

(一)解说式

教师运用学生耳闻目睹的丰富事例,引导学生从情境中接触概念,从感知到理解概念;或者把未知与已知联系起来,说明事物的本质和基本特征。

(1)直接讲解数量之间的关系、自然现象的变化、物体结构及功能、元素符号和分子、生物种类和遗传、实验过程和操作方法等。

(2)讲解与课文内容密切相关的科学家或发明家的某一经历或业绩,引导学生从情境中接触概念。

(二)解析式

解释和分析原理、规律、公式、定律和法则等,是基础知识教学的基本技能。

(1)归纳式解析:先分析事实、经验或实验,抓住共同因素,概括本质属性,综合基本特征,用简练而又准确的词语做出结论。再把结论用于实践,解决典型问题。

归纳推理:从若干个事例中推导出一般原理,从个别到一般的推理。

(2)演绎式解析:先讲解原理、规律、公式、定律和法则,再举出正反实例进行验证,分析它的内涵和应用范围,最后要求学生举例应用。

演绎推理:将理论、原则应用于具体事例,从一般到个别的推理。

(3)类比推理式解析:根据两个对象在一系列属性上相同或相似,其中一个对象还具有其他属性,由此推出另一对象也有同样的其他属性。

类比推理:两个对象在属性上相同或相似,通过比较而推断出它们在其他属性上也相同的推理过程,从个别到个别的推理。

(三)解答式

以解答问题为中心,教师引导学生通过所学的知识自行获得答案,具有一定的探索性。

学生在实际生活中会总会遇到许多与生物知识有关的现实问题,教师可以根据中学生物教学内容从现实问题中引出教学知识,让学生通过学习教学内容来解答生活中出现的问题。对于某些生物问题,教师也可以帮助学生提出多种解决问题的方法,引导学生进行比较、选择,让学生能以最便捷的方法解决问题,并应用于生活中以提升其生活质量。与此同时,学生也能在此过程中潜移默化地学会正确的逻辑推理方式。

(四)解惑式:解决学生的疑难问题

(1)布置良好的学习情境:教师布置适当的问题情境,制造学习者在认识上的冲突,以引起学习者的反省及思考,寻找解决问题的途径。

(2)创造认知冲突的学习情境:由于学习的发生在于解决认知冲突或消除认知心理的不平衡。创造真实的学习情境,能使学习变得更为有效。

(3)层层剥笋法:按照教材的逻辑体系,遵循学生的认知规律,由浅入深、由表及里地讲解。

上述四种方式都与讲解概念有关。概念是分析和解决问题的依据,分析和解决问题是概念的应用。所以,讲解概念时应与分析和解决问题相结合。

五、讲解技能应用的注意事项

(一)讲解前

教师必须明确讲解内容的范围、重点、难点以及与学生已知知识的联系,使抽象概念具体化、深奥道理形象化,让讲解过程更为集中明了,建立在知识发展的逻辑必然之中。学生学习的新知识若与旧知无关,必然会造成学生所学的知识缺乏整体性和系统性。

(二)讲解时

教师要把教学内容作问题化处理,充分地把学生的基础知识与解决面临的问题有关部分抽取出来,作为引导、启发讲解的知识起点,促使学生运用已有知识对面临的问题进行思考。当学生不能很好地解决问题时,教师再作详细的讲解。

教师要注意在课堂上寻找讲解最恰当的形式和情境,体现出对学生尊重的态度,从而以情激情,以便使讲解过程更为有效(学生学得轻松而又有所得),有利于激发学生的学习动机和学习兴趣。

总之,教师要了解讲解的基本过程,要明确讲解的目标,要掌握讲解的基本形式和方法。而且,讲解时言语要清晰准确、有条理、层次分明。

第二节 讲解技能案例及分析

一、解说式

(1)教材来源:人教版八年级下册第七单元第二章第三节《基因的显性和隐性》。

孟德尔生于奥地利一个贫寒的农民家庭,他从小爱劳动,喜欢自然科学和数学,在

1858—1865年的8年间，做了大量的植物杂交实验。在做豌豆杂交实验时，他发现，用纯种高茎豌豆和矮茎豌豆杂交，得到的都是高茎豌豆，再将这些高茎豌豆种下去，结果发现子二代有高茎又有矮茎，那到底是为什么呢？在子一代为什么没有矮茎出现呢？

（2）案例分析：八年级的学生还处于感性认识偏多的阶段，加之本章内容较难，教材涉及的基因，基因的显、隐性等概念都很抽象，所以用一个科学家发现问题进行研究的故事引入更能激发学生的好奇心，也能更好地培养学生的思维习惯，知道发现问题比解决问题更重要。同时也是让难度大的知识有一个更好的过渡，让学生更愿意主动去接受和理解。课堂多引入科学家的故事、经历并与课堂知识相联系，能更好地调动学生的积极性，更有利于学生人生观和价值观的培养。

二、解析式

（一）归纳式解析

（1）教材来源：人教版七年级下册第四单元第四章第二节《血流的管道——血管》。

（2）血管的特点：

①动脉（把血液从心脏送到身体各部分去的血管）——前面一节内容所学。

特点（通过推导）：从心脏出来的血液压力（大→小），所以管径由大变小，管壁较厚，弹性大，管内血流速度（快），所以一般埋藏较深，多数看不见也摸不着。

②静脉（将血液从身体各部分送回心脏的血管）。

特点：收集流经毛细血管后流回心脏的血液，压力（小），所以管径由小变大，管壁较薄，弹性小，管内血流速度较慢，所以有些分布较浅，可见，如手上的青筋。（问题：输液时医生找血管为什么用橡胶管扎住近心端？）

动脉

血管中的血液主要是在心脏（heart）的驱动下流动的。**把血液从心脏送到身体各部分去的血管叫做动脉**（artery）。动脉的管壁较厚，弹性大，管内血流速度快。动脉一般分布较深，多数看不到也摸不着，但也有些分布较浅，比如颈部及腕部能够摸到搏动的血管就是分布较浅的动脉。与心脏相连的动脉较粗，远离心脏后动脉不断分支变细，管径也由大变小，最小的小动脉再分支成毛细血管。

静脉

静脉（vein）是将血液从身体各部分送回心脏的血管。血液流经毛细血管后，接着进入小的静脉，然后逐级汇集到较大的静脉，再送回心脏。静脉的管壁较薄，弹性较小，且血液经过毛细血管汇入静脉时压力较低，因此管内的血流速度较慢。静脉有些分布较深，也有些分布较浅，我们看到的手臂上的"青筋"就是分布较浅的静脉。在四肢静脉的内表面，通常具有防止血液倒流的静脉瓣。

毛细血管

毛细血管（capillary）是连通于最小的动脉与静脉之间的血管。它数量最多，分布最广，遍布全身各处组织中；它的内径极小，只允许红细胞单行通过；管壁非常薄，只由一层扁平上皮细胞构成；管内血流的速度最慢。毛细血管的这些特点，便于血液与组织细胞充分地进行物质交换。血液中的营养物质与氧，可穿过毛细血管壁到达组织细胞，最后被细胞利用；组织细胞产生的二氧化碳与其他废物，可穿过毛细血管而进入血液被运走。

图7-1　各类血管含义

(3)案例分析:七年级下册学习人体的结构,内容多且杂,教师引导学生找到知识间的内在联系是学习本册书的一种重要方法。如血管的特点书上用了一大段的文字描述,学生很难记住。学习更重要的是学会将知识整合融会贯通。学生根据前一节课学习的不同类血管的功能,利用经验即可推出各类血管的特点,让知识形成体系。生物学科学习本属理科思维,知识间的推理能力要贯穿于学习的始终,能推导就不能靠死记。归纳式解析可以将看似零散的知识系统地联系起来形成整体概念。

(二)演绎式解析

(1)教材来源:人教版八年级下册第七单元第二章第二节《基因在亲子代间的传递》。

基因在亲子代间的传递:{精子(染色体23对) / 卵细胞(染色体23对)}(第一代) 受精卵(46对)→卵细胞(46对){精子(46对) / }(第二代) 受精卵(92对)……

根据以上分析,人类的染色体就会成倍地增加,基因也会成倍地增加。而经过事实证明每一个正常人的染色体都是固定不变的23对,基因的传递是通过染色体,染色体是基因的载体,所以在形成精子和卵细胞的细胞分裂过程中,以上传递方式是不对的。

基因在亲子代间的传递:{精子(染色体23条) / 卵细胞(染色体23条)}(第一代) 受精卵(23对)→卵细胞(23条){精子(23条) / }(第二代) 受精卵(23对)……

正确的传递方式是:在形成精子或卵细胞的细胞分裂过程中,染色体数都要减少一半,而且不是任意的一半,是每对染色体中各有一条进入精子或卵细胞。

(2)案例分析:由于八年级学生感性认识的局限性,很难主动联系前后知识去思考基因的传递过程。利用正反实例来验证,学生能更好地理解基因在复制过程中减半的意义。学生能清楚地认识到基因减半的必然性和重要性。通过这种方式的学习,学生能够更加牢固地记住知识点,但值得强调的是要正强化大于负强化,也就是说对于正确的结果要反复强调,及时通过题目巩固,避免经过一段时间后学生对正确和错误结论混淆不清。

(三)类比推理式解析

(1)教材来源:人教版高中必修1第4章《细胞的物质输入和输出》。

物质跨膜运输的方式:被动运输(包括自由扩散和协助扩散)、主动运输。

物质跨膜运输方式是本章难点,内容抽象难以理解,如果单一讲解,学生理解起来比较困难,为突破这一难点,在讲解过程中可以联系生活运用学生关于"渡河"的经验解释,将微观、抽象的过程具体化。如自由扩散,就是一个水性很好的人下河,并且还是顺流而下,即便没有外界的帮助,他也能顺利到达目的地,由此就能理解自由扩散是从高浓度到低浓度,既不需要载体也不需要能量;协助扩散,就是一个人顺流而下但不通水性,教师可以根据前一种情况引导学生思考,学生能意识到这时需要渡船,即明白了两种扩散的区别:是否需要载体。主动运输,不用教师强调,学生已经能自主类比,这个人不仅不通水性,而且逆流。由此,主动运输的特征即从低浓度到高浓度,同时需要载体和能量。

(2)案例分析:借助生动形象的类比,学生就能扎实地掌握三种运输方式,有效强化了记忆,加深了学习印象。此外,在题型讲解时也可运用类比,抓住题目中条件、现象相似的特点引导学生推理,让其类比两者的性质,进而得出正确的结论,以此促进问题的解决,达到灵活运用,举一反三的效果。

三、解答式

(1)教材来源:人教版八年级下册第七单元第二章第三节《基因的显性和隐性》。

人类惯用右手由显性基因"A"控制,惯用左手由隐性基因"a"控制。父亲惯用左手,母亲惯用右手,他们的孩子惯用左手。请写出这一家三口的基因型。

$$父亲:aa \searrow$$
$$母亲:Aa \nearrow aa(孩子)$$

(2)案例分析:本节内容基因的显性和隐性是本章乃至本册书的重点,也是难点,必须通过题目及时巩固。教师应培养学生运用所学知识解决实际问题的能力,让学生学以致用,通过现有信息和所学知识独立分析出一家三口的基因型。所以,对于此类概念比较抽象且较难表述清楚的教学内容,教师针对现实问题,采用问题解答的方式讲解并逐一分析,容易让学生认识和理解。

四、解惑式:解决学生的疑难问题

(一)创设良好的学习情境

(1)教材来源:人教版七年级下册第四单元第四章第三节《输送血液的泵——心脏》。

心脏的作用:什么情况下水会往高处流?(抽水,喷泉)抽水机和喷泉为什么能让水往高处流?(抽水机和喷泉的管道给了水一个压力)那在我们体内的血液流动上至头顶,下至脚趾,是谁提供了这个压力呢?(心脏)。

(2)案例分析:学生在没有学习"心脏"这一知识之前基本不了解心脏的结构,更不知道心脏的重要作用。"心脏"的工作过程非常复杂,学生又不能直观地看到,用语言描述理解起来非常困难,用学生所熟知的抽水机、喷泉引入,学生能初步知道血液在体内的流动需要一个动力,这个动力靠心脏提供,更容易理解。这为后面"心脏结构"的学习做铺垫。教师可以结合教学知识,尽量挖掘学生生活中与生物相关的例子,让学生知道知识源于生活又用于生活,为学生创设生活中与生物有关的问题情境,引导学生主动思考如何解决问题。

(二)创造认知冲突的学习情境

(1)教材来源:人教版八年级上册第五单元第一章第五节《两栖动物和爬行动物》。

两栖动物和爬行动物:青蛙和乌龟的生活环境都有水有陆地,为什么青蛙是两栖动物?乌龟是爬行动物?

(2)案例分析:学生的生活常识让他们知道青蛙和乌龟生活的栖息地几乎一致,而且,外形看起来也似乎很相似,因此想当然地认为这两种动物属于一类,实际上二者属于不同门类。学生的通常认识与实际的正确知识在认知上存在冲突,能调动学生主动学习、主动思考的积极性和好奇心,从而培养学生思考问题的能力,让学生主动从思考中获取青蛙和乌龟二者属于不同门类的原因,实现由学会过渡到会学的过程。

第三节 技能训练和操作

一、训练标准

虽然教学改革提倡多样化的教学方法,但任何教学活动都离不开教师"讲解"的能力。在某种意义上,教师掌握了讲解的技能技巧,教学活动就成功了一半。可见,加强讲解能力的训练,是新教师教学技能训练的重中之重。

讲解技能训练能否实现既定效果可参照如下标准:第一,从授课内容来看,讲解是否具备科学性、学科性,语言是否清晰得当;第二,从教学目标来看,讲解是否与其联系紧密;第三,从学生角度来看,讲解的内容是否能准确传递,并容易被学生接受。

二、训练要求

(一)编写讲解教案

教案应涵盖以下内容:为什么选择这种讲解方法;讲解方法如何促进学生学习;选材是否恰当,是否注意讲解技能的执行程序;讲解的是一个概念、一个原理、一个活动,关于这个内容能否用其他的讲解方法;教案是否紧凑、逻辑是否严密。

(二)讲解实践训练

教师借助微格教学系统,并按照学生强弱搭配的原则,对班级学生进行技能训练分组,指导学生开展小组合作学习。实践训练操作如下:首先,每位师范生在小组内进行讲解训练,并由小组成员对训练内容逐一点评;其次,小组成员在组长的组织下集体讨论推选最优讲解设计,并对最优设计进行完善、试讲;最后,小组推选组员在课堂上呈现最优讲解设计及设计思路,由教师对其进行点评,并提出改进与完善建议和意见。

三、训练的量化评价表

表7-1 讲解设计及设计思路解说评价表

班级_____ 授课人_____ 时间_____

序号	评价标准	分值	A(1.0)	B(0.8)	C(0.6)	D(0.4)	E(0.2)	得分
1	讲解目的明确、具有针对性	10						
2	讲解用词规范,表达具有科学性、逻辑性	10						
3	讲解内容设计符合学生认知水平	10						
4	讲解简明具有启发性,能点拨思维	15						
5	讲解语速和语音适当、有激情	10						
6	讲解能创设情境,激发学生兴趣	15						
7	讲解符合归纳、演绎、类比等讲解类型	10						
8	讲解与其他技能配合恰当,能与学生呼应	5						
9	讲解过程能根据学生反馈及时调整	5						
10	讲解技能设计思路解说逻辑清晰	10						
	合计							
评价意见								

第八章　课堂提问技能

本章学习目标：1.说出提问技能概念。
　　　　　　　2.列举提问技能类型。
　　　　　　　3.简述提问技能原则和注意事项。
　　　　　　　4.进行提问技能实践训练。

第一节　认识课堂提问

目前，在新课程标准的指引下，教育教学是以学生发展为根本，培养学生的应用能力和创新能力，以全面提高学生素质为目标。在课堂上，单纯的教师传送、学生接收教学知识的教学方式发生了重大转变，即转变为教师调动学生积极性，引导其主动思考、主动探究的教学方式。课堂教学过程成为"师生互动、思维碰撞"的过程，学习不仅仅是把知识装进学习者的头脑中，更重要的是教师要对知识进行问题化处理，引导学生对问题进行分析和思考，从而把知识变成学生自己的"学识"，变成学生自己的"思想"。这一教学进程正是以教师的"课堂提问"这种教学手段为载体完成的，自然而然养成了学生主动探索、独立思考的能力。所以，提问技能的掌握和娴熟运用对每一位中学教师都非常重要，且是其必须具备的一项技能。

一、概念

在课堂教学过程中，提问作为教与学双方交流与互动、传递与反馈的有效方式已被广大教师所认同，并在教学实践中广泛运用。实践表明，提问能将教学内容的重点、难点转化为一个个问题，启发学生思考，调动学生参与，最终实现教学目标。同时，提问的过程既搭建了师生间知识传递的桥梁,又增进了师生间的情感交融,教师能轻松传递教学知识,学生也能立马反馈学习中的困难和问题。提问为学生在课堂教学中积极主动获取知识起到了至关重要的作用。

提问技能是指通过师生的相互作用,检查学习,促进思维,巩固知识,运用知识,实现教学目标的一种主要方式。它是教师在课堂教学中进行师生互动、思维碰撞的一项重要教学技能。

二、提问的目的

提问是课堂教学中常用的一种教学手段,它被运用于教学中的各个环节,成为联系师生双边活动的纽带,是教师在教学活动中进行的比较高水平的智力动作。随着课程改革的进一步深入,提问作为一项以学生为中心,能有效提高学生学习效率的课堂教学技能越来越受到重视。总体而言,提问能实现如下目的:

(一)激发学生学习兴趣、积极思考、主动求知

提问能使学生处于高度集中的思考状态。教师精心设计的问题能唤醒学生心智,引起学生对知识的质疑,激发认知冲突,使学生在好奇心的支配下很快把注意力集中到课堂新知识的学习中。因此,在课堂教学过程中,教师针对学生的思维特点,有计划、有目的地提出问题,可使学生主动参与到新知识的学习中,培养学生积极主动思考的能力,从而保证了教学活动的顺利进行。

(二)督促学生及时复习、巩固旧知识、联系新知识

课堂教学过程中,教师为了解学生学习状况,可以通过设计问题的方式获悉学生对已学知识的掌握程度,从而根据学生已有的知识结构,及时调整新知识的学习方式,让学生尽快将新旧知识联系起来,成为一个完整的知识体系,也可以帮助教师弄清学生对新知识的掌握程度,及时弥补学生的不足,让学生清楚复习的方向。

(三)利于教师活跃课堂气氛、促进师生间交流

传统课堂教学通常都是教师独自"唱戏",即课堂上三分之二以上的时间仅能听到教师的声音,严肃的课堂的确显得格外的寂静,但新课程改革要求教学注重师生之间的交流。师生间相互对话的过程不仅是教师对知识学习的引导过程,也是学生主动获取教学内容的过程。提问能有效建立师生之间的交流,教师针对教学知识的提问,有利于缓解课堂过于严肃的气氛,还有利于学生积极参与到课堂学习中,让学生独自思考、积极探究。教学中若缺少了师生间的问题探讨,师生之间犹如建立了一道无形的屏障,教师将无法了解学生学习的思维状态和存在的问题。

(四)利于教师了解学生学习情况,并获得改进教学的反馈信息

课堂提问不仅可以帮助教师了解学生对所讲授的内容是否听懂和掌握,还可以帮助教师获知学生在学习中存在的偏差和不足,及时修正教学方案,改进教学。课堂教学中,对于教师的提问,学生若能积极回答,则说明师生沟通顺畅,若学生对教师的提问置若罔闻,则说明学生没有听懂教学内容,教师应对教学设计进行调整,找到症结所在,及时解决,从而提升学生的听课效果。

三、提问的形式

不同的提问形式将出现不同的效果。课堂提问中,为了培养学生良好的思维能力,建立学生良好的思维方向,教师一般采用如下两种提问方式:一种是封闭式提问,另一种是开放式提问。

(一)封闭式提问

封闭式提问指学生要朝某个特定的方向去思考问题,并要求学生对问题给予肯定或否定的回答,答案已经确定,只有一个或几个固定的标准答案。通常,这类问题在课堂教学过程中使用较多,教师可以看到,表面上学生似乎主动回答了问题,但实际上学生的思维在教师的牵引下走向既定的轨道。这种提问常使用"是不是""能不能""对不对""要不要""有没有"等词,如讲到《物质跨膜运输》这一内容时,教师会通过封闭式提问"自由扩散是不是从低浓度到高浓度?有没有消耗能量?"来小结学习内容。封闭式提问会降低学生自主思考能力,但对检验学生知识掌握程度最为直接。

(二)开放式提问

开放式提问指要听取对方的观点和意见,让对方表达他想要说的内容,没有明确和固定的标准答案。这类提问常会使用"为什么""怎样""什么原因""什么"等语句进行发问。当讲到《生态环境保护》这一内容时,教师会通过开放式提问"为什么人口增长对环境有很大的影响?"让学生讨论。开放式提问给学生足够大的思考空间,足够大的思考自由,不同学生有不同的回答,从而让教师对学生的情况有足够了解。

四、提问的类型

教师在课堂教学中,应弄清楚如何有效地设计提问内容,弄清楚以什么方式来进行提问十分必要。这里介绍在生物课堂教学中最为常见的几种提问类型,为更多的年轻教师娴熟地掌握和应用提问技能给予参考。

(一)知识性提问

知识性提问考查学生是否已记住先前所学知识,如定义、公式、定理、具体事实和概念等,它能训练学生的记忆力和表达力。提问要求学生回答"是"与"否"或"对"与"不对"(或称为二择一的提问),且学生回答要与教材一致。这类提问是最低层次、最低水平的提问,可以检查学生对基础知识和技能的掌握情况以及对问题是否理解,是否抓住了问题的实质和中心思想。然而这类提问看似双边活动较多,表面活跃,但限制了学生独立思考,应节制使用。

(二)理解性提问

理解性提问要求学生对已知信息进行内化处理之后,再运用自己的语言对事实、事件等进行描述,或对事实、事件进行对比,区别其本质不同,达到更深层次的理解。这类提问用来检查近期学生对课堂上新学知识与技能的理解和掌握情况,不仅可以培养学生的洞察能力和掌握知识本质特征的能力,而且还能训练其语言表达能力,便于教师对学生做出客观评价。它常用于概念、原理的讲解之后或课程结束时,以"是什么""怎样""那些"等方式出现。提问层次相对较高,教师在提问设计上应力求引起思维冲突,激起学生思考兴趣。

(三)应用性提问

应用性提问往往需要建立一个简单的问题情境(作一个问题假设),让学生运用新获得的知识或回忆过去所学知识来解决新问题,这是较高层次的认知提问。它不仅要求学生将已知信息进行归类分析,而且还要进行加工整理,达到透彻理解和系统掌握的目的,属于较高层次的思维活动。这类问题,一般不具有现成答案。教师为学生提供一个简单的问题,并给予适当的提示与引导,让学生运用已有的知识和经验来分析解答问题。

(四)分析性提问

分析性提问指设计的问题应为知识的结构、因素的分析,事物间的关系或事项的前因后果的分析。这类提问要求学生把事物的整体分解为各个部分、各个方面,并识别其条件与原因,或者找出条件之间、原因与结果之间的相互关系。同时还要求学生能组织自己的思想,运用批判思维,分析提供的资料,寻找根据,进行解释、鉴别或推论,从而确定答案,也属于较高层次的思维活动。这类提问常用的关键词是"是什么""为什么""怎么样""证明""分析"等,能帮助学生拓宽思路,提高思维能力。

(五)综合性提问

综合性提问指学生在学习了相关知识后,教师建立一个综合问题情境,并让学生综合分析所学知识,得出新的结论的提问。这类问题要求学生对事物发展的各个部分、各个方面、各种特征进行综合思考后回答,一般不具有现成的答案,而且答案也是多元的。它往往能激发学生的创造性思维,需要学生运用自己的知识经验、智慧技能和认知策略才能回答。学生需要在脑海中迅速地检索与问题有关的知识,并对这些知识进行综合分析,得出新的结论。教师常用的关键词是"预见""创作""如果……会……""总结"等。

(六)评价性提问

评价性提问要求学生在回答前,应先依据自身对旧知识的积累程度及对新知识的掌握程度建立评价的准则,并作为其评价的依据、评价标准。通常,教师在进行这类提问前,必须让学生建立起正确的思想价值观念,或者给出判断评价的原则,以作为其评价的依据,同时要求学生对一些观念、认识、问题解决方法和行为进行判断或选择,从而能够提出自己的见解。教师常用的关键词是"判断""评价""证明""你对……有什么看法""你同意……吗,理由是?""你觉得……吗,理由是?"等。

总之,在课堂教学的提问过程中,教师应具备一定的指挥能力、机敏的反应、掌控课堂的自信,并能够对学生的各种提问随机应变回答和正确引导,帮助学生拓展思路、发展思维,使课堂气氛生动活泼,充满活力。

五、课堂提问过程

提问既能激发学生的学习兴趣,又能引导学生获取新知识,并建构知识体系。提问还能让学生自行发现问题、探索问题,加强师生沟通交流,是学生进行理解、探究、创造的重要途径。教师应清楚提问过程中大致包含哪些环节,才能有利于其设计提问的问题,将复杂问题简单化,一步步达到问题的终点。

(一)设问阶段

教师根据该节课的教学内容、学生的学习情况、知识点与学生所处的现实生活的联系情况、自身教学习惯、教学修养等相关因素,由浅入深地精心设计系列问题。

(二)准备阶段

教师根据课堂环境情况、学生在课堂上的学习准备情况,选用符合当时状况的教学语言和教学方式向学生暗示提问的开始,使学生做好心理准备。

(三)表述阶段

教师在保证学生已建立了思考问题的心理准备后,在课堂上使用清晰、准确又带有亲切、幽默的语言清清楚楚地陈述已设计好的问题,并向学生作好问题说明。

(四)引导阶段

教师在学生清楚问题含义后,应及时观察学生对问题的反应,根据学生反馈,引导其思考的方向,为学生打通解决问题的通道,使其能回答并答对。

（五）检查阶段

学生在课堂上回答教师问题后,应对学生的答案进行简单小结,并检查和告知学生答案正确与否或答案不足之处。答案若有误,教师要及时为学生纠正并给出正确答案;答案若需要补充,应先肯定答案的正确部分,及时补足其中要点。

六、课堂提问运用原则

教师要选择适当的提问类型,按照科学的标准设计问题,并掌握引导学生回答问题的技能。根据研究和大量优秀教师的经验,要科学地、有效地组织提问,就必须遵循下列原则:

（一）教师要站在学生的角度设计问题

一堂课上,教师教学目标能否有效达成,关键在学生掌握新知识的情况。学生是教学的对象,是教师服务的对象。教师根据教学内容设计的问题应符合学生的认知规律,站在学生的角度去思考问题,以与学生共进退的心情来提问。因此,教师的提问应联系到学生整体情况,由浅入深,由易到难,符合学生认识事物的特点和规律,要让学生可望、可即,让学生感受到教师提的问题与自身的生活密切相关。

（二）教师要把握好提问的时机

课堂上的提问看似随意,实则有法可循,尤其是在时机的把握上非常关键。在时间上,教师要注意把握课堂开始时的导入、新知识学习时的讲解、知识内容的复习巩固三个重要的环节,根据不同的目的选择不同的问题进行提问。例如,在导入时,教师可以通过问题形式,让学生质疑以激发学生学习兴趣;知识讲解过程中,教师要将问题重点放在一些重、难点和一些新旧知识的连接处;课堂尾声复习巩固时,教师通过提问了解学生对新知识的掌握情况。只有把握住了提问的恰当时机,整个提问活动才能张弛有度,与整个教学活动相得益彰,才能提高课堂提问的有效性。

(三)教师不要代替学生回答,应给予启发和引导

通常学习是以问题为导向,由问题激发学生思考。为了使学生在课堂学习过程中,以疑问为出发点,发展思维空间,提高分析问题、解决问题的能力,教师就要做到所提问题富有启发性,并能激发学生独立思考。为此,教师必须深入钻研教材,把握教学的重、难点,做到以学生为教学中心,掌握学生的学习情况和学习中存在的实际问题,因势利导,充分调动学生的主动性、积极性和自觉性,使学生在循循诱导下积极主动地学习。

(四)教师设计的问题难易度应适中

教师在课堂上提出的问题如果过于浅显,学生无须思考即可回答,这种回答久而久之会将学生学习的兴趣消磨掉;如果太过深奥,学生又不知如何思考,一脸茫然看着教师,这种茫然又会极大地打击学生学习的积极性。所以,教师设计的问题,应处于心理学中学生的"最近发展区",即学生的现有水平与学生经过思考可以达到的水平之间的区域,让学生在力所能及的范围内思考问题。

(五)对于学生问题的回答,要预设学生可能得出的答案及应对方法

教师在进行课堂提问设计时,不仅仅要思考问题的实用性和有效性,还应该从不同角度考虑学生可能会给予的答案。在一个班级内,学生接受知识的能力、知识结构水平、思维能力等各不相同,教师应根据班级学生的情况,注意预设不同水平的学生可能会回答的答案,最为重要的是,要预先做出合适的应对方法去解决一些偏离了教学目标的回答,将这类可能有较大偏差回答的学生引导到正确的学习思维模式中,使教学得以顺利进行。

(六)教师设计的问题要多数学生能参与回答

虽然课堂提问很难保证每一位学生都能拥有回答问题的机会,但应该让学生都有机会思考问题。因此,教师设计的问题应以大多数学生的认知水平为标准,并能使学生准确、清楚地领会问题,而且能让大多数学生经过分析思考后得到答案。设计的问题要考虑能否被学生接受,同时还应注意到一定的难度和深度。在适当的情况下,也可以变更问题的角度,使问题具有广阔的思维空间,从而增加问题的广度。教师在提问的各个阶段都要认真组织学生参与,让学生都感受到随时有被指定回答的可能,还要注意组织大家仔细倾听学生的回答,使其思维能积极并轨到教学提问中来。

(七)教师设计的问题要突出重点、突破难点

教师课堂所提问题要紧扣教材内容,并围绕既定的学习目标,抓住解开知识难点的关键所在,将问题集中在重、难点和薄弱点上,以利于突出重点、突破难点,揭示薄弱环节,这样才有利于学生以问题为导向,主动思考,找准学习中的核心内容。

(八)教师表述问题要简明易懂,没有歧义

教师在课堂上进行提问时,在以教学内容为前提之下,一定要用词精确得当,否则很容易产生歧义。这就要求教师要尽量做到提问时,目的明确,针对性强,问题清楚明白,否则学生不知道该如何思考,也不知该如何回答,还会造成学生的思维混乱。因此,教师所提问题一定要做到简明易懂,没有歧义,这样学生才能有针对性地回答问题。

七、课堂提问的要求

新课程标准是以提升学生学科核心素养为基本理念,它要求教师课堂提问应该突出以学生核心素养的提升为目的这一功能。通过突出学生的参与性,使学生能够更好地自主学习和探究学习;突出对学生问题意识的培养,使学生逐步形成发现问题、解决问题的能力。通过问题的探讨,使学生学到的不仅仅是知识,更重要的是学会学习,学会思考。

教师在课堂提问时应做到设问精当、发问巧妙、启发诱导、总结归纳这四方面。首先,设问精当要求教师所提问题能激发学生兴趣,调动其积极性;还要符合预设的教学目标,符合问题的逻辑,条理清楚,主次分明。同时,教师应用规范性语言,多用短句,少用长句;尤其要考虑问题的实用性,从学生实际情况出发,要按教材和学生认识发展的顺序,由浅入深、由易到难、由近及远地设计问题。其次,发问巧妙要求教师以学生为中心进行提问,问题应能启发多数学生的思维,发问时态度自然,言语亲切,语速适中。再次,启发诱导要求教师从联系旧知识或把握教学内容内在逻辑关系入手进行启发,善于观察学生的疑惑,善于帮助学生分解问题,让学生分步思考,各个击破,最终解惑,实现知识迁移。最后,总结归纳要求教师对所提问题和学生的回答给予明确回应,最终明确给出正确答案和对学生回答的评价,它对提高学生学习效率起着至关重要的作用。

八、提问的注意事项

教师在教学过程中,设计的提问不在于"多问",而在于"善问""巧问",应根据问题发生、发展的趋势,层层剥笋式提出问题。如何恰当地提出问题和巧妙地引导学生作答,是教师设计问题时应主要关注的方面。教师要在认识和理解教学内容的基础上,在教学实践中不断锤炼自己的提问能力,不断提高提问水平。在设计提问时,应注意以下几个方面。

(一)注意提问应与现实生活相联系

通常而言,青年教师由于缺乏经验,设计的问题大多只根据教材内容展开,答案也是能直接在书本上找到的,没有形成课本知识与生活实际相联系的思考意识。教师所设计的问题应与现实生活相结合、相联系。教学的目的就是要解决学生在现实生活中碰到的疑问,脱离了生活的教学难以为学生解惑,将失去教学的现实意义。鉴于生物学科的学科特性,多数教学内容与现实生活紧密联系,教师的课堂提问应该引导学生结合已有知识和生活经验展开分析或批判性思考,并对知识进行综合性运用,学以致用。

(二)注意提问内容层次性和学生间的差异

教师在课堂提问时,既要注意教学内容的层次性,又要注意同班学生间的差异。同班级学生的年龄差异、认知能力差异、知识储备差异等都是客观存在的,学生这些能力的不同,导致其对知识的理解及掌握程度也各不相同。新课程标准明确要求教师要注重学生间的差异,开展分层次教学。由此,教师在设计提问时,要注意这一点。对同一个知识点进行提问时,要设置不同程度的几个问题,同时要选择对应程度的学生进行回答。提问及回答的层次要涉及全班,勿让学生产生被歧视或者被忽视的心理。对一些难度较大的知识点,设计问题应按简单到复杂的层次结构来进行,切忌一次提问到位,而应该将问题逐步推进。

(三)注意提问的整体性、逻辑性

在课堂教学中,我们常常会发现某些教师尤其是年轻教师为了完成自己的教学任务,在教案中针对教学内容的确设计了许多问题,但这些问题都是孤立存在的,相互之间没有明显的逻辑关系、没有内在的必然联系,这种状况将不利于学生整体把握知识的系统性。教师设计的问题应经过精心筛选,避免随意性,力求使学生在每个问题上都能表达他们自己的意见或真实的理解。这就要求教师在备课时,要认真研究教材,弄清书本概念的科学性、系统性和逻辑性,设计递进性的提问,做到问题的连贯性、整体性。

第二节 课堂提问技能案例及分析

课堂提问是教师在教学过程中常用的一种教学方式,有"教学的生命"之称。课堂提问技能运用的有效性在很大程度上决定了教学效果的优良,对教学工作的有效开展起到了事半功倍的效果。

一、知识性提问

(1)教材来源:

①人教版八年级下册第七单元第二章第一节《基因控制生物的性状》。

教师在课堂讲解时可以提出此类问题,如:什么是遗传?什么是变异?什么是基因?

②人教版七年级下册第四单元第五章《人体内废物的排出》。

教师在课堂讲解时可以提出此类问题,如:什么是肾单位?

(2)案例分析:定义、公式、定理、具体事实和概念要在牢记知识点的基础上才能更好地去深入理解与之相关联的知识。本章节主要学习生物的遗传和变异,该内容的概念多且难理解,学生容易混淆。教师在每次新课开始前先巩固概念,让学生记住相关概念才能更好地理解新的知识。学生对书中所涉及的重要概念都清晰明了,有利于其对后续知识的掌握。

二、理解性提问

(1)教材来源:

①人教版八年级下册第七单元第二章第一节《基因控制生物的性状》。

教师在课堂讲解时可以提出此类问题,如:生物的性状包括哪几个方面?(形态结构,生理和行为等特征)

②人教版七年级上册第三单元第四章《绿色植物是生物圈中有机物的制造者》。

教师在课堂讲解时可以提出此类问题,如:你能叙述光合作用的过程吗?

(2)案例分析:初中学生的思维正在从感性认识向理性认识过渡,该提问方式即是介于感性思维和理性思维之间。众所周知,知识的内化处理非常重要,只有学生从根本上理解了知识,才能用自己的语言对知识进行表述,这也是检验学生对知识理解程度较好的方法。教师通过此类型提问能有效培养学生自行将零散的知识进行系统化梳理的能力,加深学生对知识的理解,让学生学会去概括知识,并学会应用知识。

三、应用性提问

(1)教材来源:

①人教版七年级下册第四单元第六章第三节《神经调节的基本方式》。

教师在课堂讲解时可以提出此类问题,如:学习了复杂的反射和简单的反射,请问望梅止渴、惊弓之鸟、婴儿吮吸分别属于什么行为?

②人教版七年级上册第三单元第二章第二节《植株的生长》。

教师在课堂讲解时可以提出此类问题,如:用根毛吸水的原理来说明盐碱地为什么不利于植物的生长?

(2)案例分析:七、八年级的学生对知识的理解只停留于字面的概念、定理,很难联系问题去深入思考。通常而言,凡是在课程中涉及的知识都应该通过提问加以梳理,形成完整的知识体系。教师的此类提问,不仅帮助学生巩固已学知识,更重要的是让学生建立知识间的联系,学会对知识的迁移应用,这是对学生一个更高层次的要求,让学生能用已学的概念原理来判断解释生活中的现象。

四、分析性提问

分析知识的结构、因素,弄清事物间的关系或事项的前因后果。

(1)教材来源:人教版八年级上册第五单元第一章第六节《鸟》。

教师在课堂讲解时可以提出此类问题,如:家鸽的形态结构如何与它的飞翔生活相适应?

(2)案例分析:初中生对知识的认识主要停留于感性层面,教师的此类提问,有利于学生对零散的知识进行分析,从而归类整理,有效培养学生的逻辑思维能力,引导学生由感性思维向理性思维转变。同时,教师从知识间的关联和事项的前因后果出发对知识进行梳理,更有利于学生对知识的掌握和理解。因此,针对一个问题需要多个知识点融合才能解决的情况,都可以采用分析性提问。

五、综合性提问

(1)教材来源:人教版八年级上册第五单元第一章第二节《线形动物和环节动物》。

教师在课堂讲解时可以提出此类问题,如:蛔虫在结构和生理上有哪些适应寄生生活的特点?

(2)案例分析:八年级学生的思维正处于逐步由知识点零散性到知识点整体性过渡时期。教师让学生综合已学过的知识,找到相关知识间的内在联系,并进一步深入地理解所学知识,进而让学生认识到知识间的联系性。这样能培养学生的逻辑思维能力、知识梳理的能力。此类提问是应用性提问的更高层次,做到对知识熟练地分析应用才能自己总结归纳出新的知识,适用于对层次较好的学生的更高要求。

六、评价性提问

(1)教材来源:人教版高中必修2第5章第2节《染色体变异》。

教师在课堂讲解时可以提出此类问题,如:单倍体育种与常规育种相比有哪些优势?为什么?

(2)案例分析:对于此类问题,学生需要有一定的逻辑思维能力,高中学生已具备这样的能力。教师通过此类问题能有效培养学生深入思考问题的能力,灵活运用知识的能力和语言表达的能力。学生可以综合所学知识去深入思考,并用所学知识有效分析评判生活中的问题。它是适用于解决实际问题的提问。

七、有效提问和无效提问两种提问方式的表述

(一)无效问题

如:心脏是用来干什么的?呼吸道对空气有清洁的作用,对不对?

(二)有效问题

如:心脏有哪些结构?这些结构有什么功能?呼吸道的作用是什么?(有软骨做支架保证气体顺畅通过。对吸入的气体进行处理,使到达肺部的气体温暖、湿润、清洁)

当问题指向不明确,学生不知道从哪些方面回答时,或提问为"是不是、对不对、想不想"等类似问题时,一般可视为无效问题。通常,一个有效的好问题目的性和针对性强,且能激发学生学习兴趣,提高学生学习的积极性,引导学生跟着老师的方向主动去思考,有利于教师课堂教学的开展,体现教师提问的技术性与艺术性。

第三节　技能训练和操作

一、训练标准

课堂教学是由教师的教和学生的学所组成的双边活动。教学要调动学生学习的积极性、主动性,引发学生积极进行课堂讨论,关键是教师能够提出启发学生思维的问题。如何根据教学内容和学生实际水平向学生提出能够激发其学习兴趣、引导其思考的问题至关重要。因此,师范生要明白提问的作用、提问的类型、提问的方法、有效提问的要点。

提问技能训练能否实现既定效果可参照如下标准:第一,教师应引导师范生学会钻研教材、把握重点和难点,学会分析问题;第二,教师应引导师范生学会联系学生实际(包括已有知识基础和思维特点)和社会实践,从中找出感兴趣的问题。

二、训练要求

(一)编写提问教案

教案应涵盖以下内容:为什么选择这种提问方式;提问的问题如何促进学生学习;提问的内容是否恰当,是否考虑到了学生的知识背景;提问的问题是否能激发学生的自主思考;教案是否紧凑、逻辑是否严密。

(二)提问实践训练

教师借助微格教学系统,并按照学生强弱搭配的原则,对班级学生进行技能训练分组,指导学生开展小组合作学习。实践训练操作如下:首先,每位师范生在小组内进行提问训练,并由小组成员对训练内容逐一点评;其次,小组成员在组长的组织下集体讨论推选最优提问设计,并对最优设计进行完善、试讲;最后,小组推选组员在课堂上呈现最优提问设计及设计思路,由教师再对其进行点评,并提出改进与完善建议和意见。

三、训练的量化评价表

表8-1　课堂提问设计及设计思路解说评价表

班级_____　授课人_____　时间_____

序号	评价标准	分值	A(1.0)	B(0.8)	C(0.6)	D(0.4)	E(0.2)	得分
1	提问目的明确、与教学内容密切相关	15						
2	问题的难易程度符合学生的认知水平	15						
3	问题设定循序渐进,实现由浅入深的递进式提问	15						
4	提问有利于学生思维的发展,建立科学思维	15						
5	提问起到复习旧知识,引出新知识的作用	10						

续表

序号	评价标准	分值	A(1.0)	B(0.8)	C(0.6)	D(0.4)	E(0.2)	得分
6	提问时机恰当,激发学生兴趣,促进学生思考	10						
7	教师善于对学生回答的问题进行针对性引导	10						
8	问题实现了师生良好交流,具有反馈性	10						
	合计							
评价意见								

第九章　演示技能

本章学习目标：1.说出演示技能概念。
　　　　　　　2.列举演示技能类型。
　　　　　　　3.简述演示技能原则和注意事项。
　　　　　　　4.进行演示技能实践训练。

第一节　认识演示

鉴于生物学科以观察和实验为基础的学科特性，在生物课堂教学中，针对教学内容的课堂演示已成为课堂教学活动中不可缺少的部分。它能把许多复杂的事物简单化，把抽象的知识具体化、直观化，把枯燥的知识趣味化，使学生易于理解，易于接受；同时，还能有效地激发学生的学习兴趣，培养他们的观察力。

随着社会的进步，教育观念的更新，教学手段越来越先进，课堂教学中不仅运用到卡片、挂图、实物、模型，而且运用起了幻灯、录像等信息技术手段。这些运用于课堂上的演示教学对改进教学方法，提高教学质量起着不可估量的作用。因此，教师熟练掌握并运用演示技能十分必要，也十分重要。

一、概念

演示，通常指通过一些方式和工具，将信息传达给他人。它是一种信息传达的行为方式，目的是让他人认识或理解要传达的信息。一般而言，演示分为实验演示、实物演示、工具演示三种。演示有助于提高教师课堂教学效果，是中学教师应该要掌握的一种教学技能。

演示技能是指教师提供实物、样品、标本、模型、图画、图表、幻灯片、影片和录像带等感性材料,进行实际表演和示范操作,以及指导学生进行观察、分析和归纳,让学生自主获得新知识,自主提升观察、分析、归纳能力的一种教学技能。

二、功能

课堂演示能展示事物及其发展的过程,帮助学生认识、理解和记忆新知识,把难以理解、抽象的知识形象化、直观化。教师在课堂上进行直观形象的演示能有效刺激学生学习兴趣,开发学生右脑半球,提高记忆效率。

(一)演示导入新课,能引发学生好奇心,凝聚注意力

课堂演示所提供的信息,往往是学生闻所未闻、见所未见的"新鲜事",是学生感兴趣的事。学生在教师演示的指引下从直观感知入手,发挥自主能动性,先建立问题直观表象,再获取抽象概念。这种遵循中学生认知规律的教学方式,势必激发学生学习兴趣,激发学生积极思考的兴趣,从而达到启迪智慧的目的。

一节新课的开始,教师运用演示导入新课,让学生直观了解和认识即将学习的新知识。这种导入新课的方式能引发学生强烈的好奇心,吸引学生的注意力。又或者,复习课时,为了帮助学生解答习题,教师通过演示既能启发学生寻找解题思路和方法,还可以考查学生的观察、记忆、推理的能力。

(二)演示能帮助学生形成概念,并引导学生分析问题、认识问题、研讨问题

课堂演示能为学生学习事物本质,认识事物的基本概念、定律和原理提供丰富的感性材料。学生通过演示过程中的观察,把感性认识和理性认识相结合,使获得的知识印象深刻。而且,演示还能引导学生从实际出发,由表及里、由现象到本质,实事求是地分析具体问题,并运用归纳、演绎、逻辑推理等方法去研讨问题,从而培养学生的观察和思维能力。

（三）规范正确的演示，能帮助学生知晓操作技术、认识研究事物的方法

课堂教学过程中，教师应用规范的操作来完成演示，学生不仅能直观地认识事物本质，还能观摩到正确的操作技术和方法。这是培养学生正确操作技术的基本环节。

教师通过演示，还能正确引导学生掌握由表及里、由近及远、由此及彼、由个别到一般、由现象到本质等全面、辩证地观察认识事物的方法，能让学生学会运用综合、归纳、演绎、推理等逻辑思维方法去认识和研究事物，从而把握住概念的内涵和外延，正确科学地掌握所学知识，并巩固记忆，展开想象，开发智力。

（四）演示能启发学生思路，开阔学生视野

生物学的学科特性所决定，许多教学内容较为抽象、微观，肉眼无法看到、身体也无法感知，学生在学习这些新知识时，找不到切入点，表现出较为迷茫的状态，教师可以通过演示，帮助学生打开思路，启发学生找准新知识的学习方向。而且，课堂演示能避免微观和宏观环境、空间和时间以及其他因素的限制，如：生物课程中所涉及的细胞、生物圈、环境变化过程等，这些内容都超出了学生的视野范围，演示可以帮助学生推开许多新的知识领域的大门。

三、演示类型

（一）教具演示：照片、挂图、板画、标本、实物、模型等

1.实物、标本和模型的演示

教师在课堂上展示实物、标本和模型，让学生去观察，能使学生了解事物的外部特征及内部结构，获得对事物的客观认识和理解。实物即活的动植物或人体自身。标本即死的动植物尸体或人体器官等。模型是根据教学需要，经过加工而模拟制成的仿制品，它可以是原型的扩大，也可以是原型的缩小，如DNA双螺旋结构、动植物细胞和细胞器结构模型等。教师在进行模型演示时，应先让学生清楚模型与实物的实际区别，如老师应把模型与实物的大小、颜色、质地等的不同清楚告知学生，以避免学生误解。

2.图画、图片、图表的演示

课堂上,在学习植物形态结构时,教师向学生展示植物的细胞、组织结构示意图,将有助于讲清楚植物各形态结构及其位置,也有助于学生认识各结构的形状。因此,课堂上对事物的原理和现象进行描述的示意图、描述操作方法和动作过程的说明图展示,可突出事物的本质特征,便于学生理解。此类演示简单且易操作,可弥补实物、实验演示条件限制的不足。

(二)实验操作演示

通常而言,课堂教学多以教师讲解、学生聆听为主。在讲授新课时,教师若以一个精彩的实验演示开始新知识讲授,将能迅速调动学生学习的欲望,激起其学习的主动性,使学生很快进入学习状态。设计演示实验时,教师应考虑实验源于学生的现实生活。学生对现实生活有了一知半解,实验演示能唤醒学生再认识,为学生回到生活中解释现象、分析问题起到示例和桥梁作用。实验过程中,教师帮助学生从分析实验入手,对感知到的材料和现象进行系统分析,从而导出新概念,获得新结论。

(三)多媒体辅助教学演示

1.幻灯、投影的演示

幻灯或投影通常是针对教师黑板手绘难以完成的复杂生物类示意图或难以解释和说明的微观世界,采用此种演示,将事物状态形象放大,展示事物的细部结构和关键特征,能提高教学效率和效果。

2.电影、电视的演示

课堂教学本身处于严肃而沉静的教学环境,教师外部信息的传递,对于学生而言,视觉和听觉冲击力依次排序应该是:文字→图表→动画→无声视频→有声视频。电影、电视利用声音和连续图像的动态效果,不仅能创设轻松愉快的教学环境,还可以打破实物和实验演示的时间、空间和客观条件的限制,便于引导学生进入适宜的教学情境中。

四、应用原则

演示不但可以帮助学生建立生物学科概念,引导学生深刻地理解生物知识与规律,还能有效培养学生的观察能力、思维推理能力、总结归纳能力、创新能力等一系列的能力素质。教师在应用演示技能时,应考虑以下几方面的原则。

(一)针对性和目的性

(1)针对性:演示的选择应利于突出教学重点,讲清难点;利于培养学生观察、分析、综合的能力。实验的选择利于概念、理论的教学。

(2)目的性:演示的依据就是教学目标,即演示要围绕教学内容,考虑教学对象,精心选择,突出重点,突破难点,以形成和谐的教学氛围,实现学的最优化。若脱离了教学目标,违背了教学规律,再好的演示也只能是花架子。

(二)适用性和鲜明性

(1)适用性:演示仪器的选用应符合课堂教学环境,仪器大小要恰当、高低要适宜、操作要简便,便于教师完成演示。

(2)鲜明性:教师在课堂上演示的效果,直接影响学生对教学内容学习的好奇心和积极性。若演示的现象鲜明,对学生产生较强的视觉冲击,再加上直观地反映教学重、难点,能让教学起到事半功倍的效果。

(三)完整性和科学性

(1)完整性:教师演示时,若能较为完整地把表象再现出来,能很好地实现应有的直观效果和情感效果。所以,演示时,要充分展示演示的过程,揭示规律,体现它的完整性。

(2)科学性:演示过程中的教具或仪器的选择要科学和适当,演示的过程展示要清晰,让学生明白每一个演示环节。演示的结果分析还应准确,使课堂教学生动、活泼。

(四)演示与讲授的统一性

演示强调动作的规范和完整。若演示能与讲解紧密结合,能有效引导学生将各种感知转化为思维,使学生有准备且有目的地观察事物的发展。通常而言,教师可采取先讲解后演示、先演示后讲解或边讲解边演示这三种方式。

五、应用要求

(一)要认真选择演示实验和展示的实物或模型,明确演示目的

课堂教学中,教师应以教学内容和教学目标为基础,根据学生的学习情况,以利于突出教学的重点或难点,利于培养学生的观察、分析、推理等的能力,利于达成教学效果为目的,选择适合教学内容、适合学生的演示方式。

(二)演示要适用于课堂教学,演示工具大小恰当,操作简便易行且演示效果明显

通常,一节课的时间是40~45分钟,在该时间内,教师要完成的教学任务量较大,既要让学生在课堂上消化、吸收新知识,又要让学生将这些新知识融入旧知识体系中,那么帮助教师完成教学任务的演示所用时间不宜过长,且便于教师操作,也便于学生看清演示效果。

(三)演示操作和动作示范要正确、规范

教师在课堂演示时,为了提高演示的效果,应注重演示的正确性和规范性。同时,教师应讲究演示的方法,演示要紧密配合教学,在合适的教学情境下及时进行,在演示结束后,也应及时将演示工具收好,以避免分散学生注意力。演示还应同说明、阐释、指点、提问等方式巧妙结合,以获取最佳效果。

(四)要善于促使直观活动与抽象思维相统一

课堂上演示(直接观察实物、标本,观察演示实验等)给学生产生的第一印象最为鲜明。演示给学生创设了生动而富有启发性的学习情境,容易让学生根据演示的进程,展开思维的活动。因此,教师要从学生的心理特征出发,积极从旁引导,将学生的思维和演示的表象紧密联系起来,指明学生的思维方向,切勿使学生陷入"看热闹"的状态。

六、演示的注意事项

教师熟练地掌握演示的方法非常重要,在演示过程中应该注意以下几个方面:

(一)演示避免华而不实、花里胡哨

演示是将抽象、难以理解的知识以具体、直观的形式呈现出来。教师为了提高演示效果,提升学生的视觉冲击,将会借助一定的艺术形式对演示过程进行包装,但在演示时应避免单纯地为了艺术效果而艺术,只为了演示的华丽,脱离了演示服务于教学内容的根本。只有充实的内容与完美的外在形式的有机结合,才能真正达到传授知识、调动学生积极性、改善教学环境的目的。

(二)切忌呆板单调、索然无味

演示的根本任务是教师提供相应的感性材料,如实物、模型、图画、声音、动画等,从多方面刺激学生的感官,引起学生的兴趣。一个形式单一、呆板的演示与黑板加粉笔的教学方式无任何区别,它所获得的教学效果自然也不会显著。这种演示方式不仅浪费课堂教学时间,还加重了课堂学习的沉闷氛围。

(三)保证演示万无一失,安全第一

课堂演示时,教师根据教学内容,会使用到一些较为危险的演示材料,为了做好课堂演示,教师应将准确安全、简易明显、便于观察和理解本质的原则铭记于心。演示时注意防毒、防火、防爆、防触电等,确保师生的安全;演示的动作示范要注意掌控,并加强保护与帮助的教育,防止伤害事故的发生。

总之,演示应该以充分发挥学习者的潜能,强化教学效果,提高教学质量为中心。教师应不断积累经验,巧妙进行演示设计、努力探索演示技巧、全面考虑演示过程,以获得最佳的教学效果。

第二节 演示技能案例及分析

一、教具演示：照片、挂图、板画、标本、实物、模型等

(1)教材来源：

①人教版七年级下册第四单元第五章《人体废物的排出》：展示肾脏实物或模型。

②人教版八年级上册第五单元第二章《动物的运动和行为》：展示关节结构挂图或标本。

③人教版八年级下册第七单元第二章《生物的遗传和变异》：展示双胞胎照片。

(2)案例分析：教师应充分利用学生的感性思维模式。教师通过展示教具，把现实生活中肉眼难以观察到的抽象事物在课堂上直观形象地呈现给学生，同时搭配简单且易于理解的专业教学语言，将抽象复杂的知识形象化、简单化。中学生物教学中，教学内容只要可以用教具演示呈现的，教师都应尽量演示呈现。

二、实验操作演示

(1)教材来源：

①人教版七年级下册第四单元第二章《人体的营养》：馒头在口腔中的变化，如图9-1所示。

②人教版七年级下册第四单元第四章《人体内物质的运输》：血液的分层现象，如图9-2所示。

制订计划

可以参考下面的方案制订自己的探究计划。

①取新鲜的馒头，切成大小相同的A、B、C三小块。将A块和B块分别用刀细细地切碎(模拟牙的咀嚼)；C块不做处理。

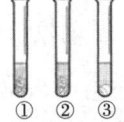

②用凉开水将口漱干净，再在口内含一块消毒棉絮。约1分钟后，用干净的镊子取出棉絮，将棉絮中的唾液挤压到小烧杯中。

③取3支洁净的试管，分别编为①②③号，然后做如下处理：将A馒头碎屑放入①号试管中，注入2毫升唾液并充分搅拌；将B馒头碎屑放入②号试管中，注入2毫升清水并充分搅拌；将C馒头碎屑放入③号试管中，注入2毫升唾液，不搅拌。将3支试管一起放到37℃的温水中；5～10分钟后取出这3支试管，各滴加2滴碘液，摇匀；观察并记录各试管中的颜色变化。

图9-1 馒头在口腔中的变化实验计划

资料分析

分析下面的资料。

①将一定量的人的血液放入装有抗凝剂的试管中，用离心机离心或者静置一段时间后，可以观察到血液有明显的分层现象(见右图)。

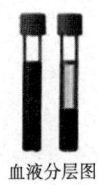

血液分层图

图9-2 血液的分层现象

(2)案例分析:教师应充分利用学生的好奇心,引导学生去发现问题,解决问题。把书上烦琐的文字通过实验操作演示,直观呈现实验的整个变化过程,以加深学生对知识点的认识。学生再深究其原因,便更易理解知识点的本质,实现知其然并知其所以然。这样,学生在实验中亲自参与或亲身体验更有助于记忆和理解知识。

三、多媒体辅助教学演示

(1)教材来源:

①人教版七年级上册第三单元第二章《被子植物的一生》。

②人教版八年级上册第五单元第一章第三节《软体动物和节肢动物》:蝉的蜕皮现象是一个较长时间的过程,只有通过多媒体才能清晰完整地展现出来。

(2)案例分析:被子植物的一生在学生的印象中留下的只是一个个的片段;学生若从来没有亲眼见过蝉蜕皮的完整过程,很难去想象。这些知识完整地呈现是一个漫长的过程,且难以完整观察,教师通过多媒体真实完整地展现其整个过程,并附上生动的教学讲解,能让学生对该类知识获得整体的认识,也能培养学生认识事物的整体思维习惯。中学生物教学中,对于需要较长时间才能完成的生命现象,可以通过多媒体来完整展示。

第三节 技能训练和操作

一、训练标准

在自然科学的课程中,教师运用课堂演示呈现教学内容极为常见,这是课程性质所决定的。自然科学课程多数教学内容均是以实验为基础阐释生命现象和生命活动规律。课堂教学中,教师以演示的方法将微观或宏观的抽象内容直观、形象地展示给学生能起到事半功倍的效果,所以教师应熟悉并掌握各种常用的演示方法。

演示技能训练能否实现既定效果可参照如下标准:第一,演示目的明确,在演示前提出观察要求及思考问题;第二,演示操作规范,能让全班学生清楚地观察;第三,演示的过程注意用科学的语言进行描述,还应启发学生积极思考;第四,对演示中出现的误差能正确分析讲解;第五,对演示中出现的失误能正确看待和处理。

二、训练要求

(一)编写演示教案

教案应涵盖以下内容:为什么选择这种演示方法;演示方法如何促进学生学习;演示内容是否恰当,是否注意了演示技能的执行程序;选用的演示方式是否考虑了安全问题和干扰因素;教案是否紧凑、逻辑是否严密。

(二)演示实践训练

教师借助微格教学系统,并按照学生强弱搭配的原则,对班级学生进行技能训练分组,指导学生开展小组合作学习。实践训练操作如下:首先,每位师范生在小组内进行演示训练,并由小组成员对训练内容逐一点评;其次,小组成员在组长的组织下集体讨论推选最优演示设计,并对最优设计进行完善、试讲;最后,小组推选组员在课堂上呈现最优演示设计及设计思路,由教师再对其进行点评,并提出改进与完善建议和意见。

三、训练的量化评价表

表9-1 演示设计及设计思路解说评价表

班级_____ 授课人_____ 时间_____

序号	评价标准	分值	A(1.0)	B(0.8)	C(0.6)	D(0.4)	E(0.2)	得分
1	演示目的明确,紧密结合教学内容	15						
2	演示前对演示原理等交代清楚	10						
3	演示装置简单可靠	5						
4	演示有启发性,向学生指明观察方向和重点	15						
5	演示现象明显、直观性好、能见度大	20						
6	演示程序步骤分明、过程清楚	5						
7	演示操作规范熟练、示范性好	10						

续表

序号	评价标准	分值	A(1.0)	B(0.8)	C(0.6)	D(0.4)	E(0.2)	得分
8	演示与讲解、提问配合,促进学生思维	10						
9	演示安全、可靠,无演示的干扰因素	5						
10	演示技能设计思路解说逻辑清晰	10						
	合计							
评价意见								

第十章　板书技能

本章学习目标：1.说出板书的概念。
　　　　　　　2.指出板书的功能及应用原则。
　　　　　　　3.详述板书的内容。
　　　　　　　4.列举板书的常用格式种类。
　　　　　　　5.进行板书技能实践训练。

第一节　认识板书

　　自古以来，板书在课堂教学中占据着非常重要的地位，它是教师课堂教学中必不可少的教学辅助手段，能弥补教师由于语言表达的局限性而难以讲清楚、说明白某些教学内容的不足，具有其他教学手段所无法替代的积极作用。虽然，随着信息技术的迅速发展，在当今的课堂教学中出现了多媒体等电子教学设备。这些教学设备也被教师们越来越多地应用，看似削弱了板书在教学中的作用，但纵观实际课堂教学，用于板书书写的黑板依然屹立在讲台中央。它是教师必须具备的一项基本功，也是衡量教师素质高低的一个主要标志。

一、板书的概念

　　板书，通常理解是教师在课堂上授课时，为了辅助教学内容的讲解而在黑板上书写的文字、符号或表格、图画等的非语言式教学活动方式。这种理解是站在教师的角度，是为教师服务的板书。从学生角度理解，板书是课堂上学生学习内容的整体呈现，包括内容框架、重难点的强调、关键点的展示等，有利于学生对课堂学习内容的梳理和把握。

目前,"三字一话"(钢笔字、毛笔字、粉笔字和普通话)仍然是每一位师范生的基本技能之一,是教师从业的基本功,各高等师范院校在师范生培养中都非常重视学生对该技能的获得。学好粉笔字是板书书写美观、实用的基础。然而在课堂教学中不是粉笔字书写工整就能发挥其重要的课堂教学作用,教师要根据教材内容对板书进行精心设计,以较为简约、清晰的层次感将教材内容呈现给每一位学生,这会对教师完成教学起到事半功倍的作用。

二、板书设计在教学中常用的分类

板书既是教师在课堂上向学生传递信息的媒介,又是教师完成教学任务最积极有效的手段。在课堂教学中,教师若能精心设计板书,并能边口授边板书,且富有启发性,就能使学生产生联想、类比,启发学生积极思考,有利于教师表达思想、传授知识,培养学生的多种能力。同时,板书设计也是教学艺术的体现,它能反映出教师的知识和修养水平以及驾驭教材的综合能力。如果板书设计排列得井井有条,前呼后应,且富有连贯性,会使学生看了一目了然,产生一种美感,从而大大调动学生学习的积极性。课堂教学中通常所用的板书主要分为两大类:一类是正板书,一类是副板书。

(一)正板书

正板书又叫中心板书,它体现教材的主要观点、主要事实、主要结构、主要结论等,反映了教师的教学意图,内含着教育目的,是教材内容的高度浓缩。它是教师在对教学内容进行高度概括的基础上,提纲挈领地反映教学内容的书面语言,通常写在黑板的正中,一般作为教案的一部分而事先写好。

正板书的书写一般从一节课的课堂教学之初即开始,根据教学内容和教学的进程逐一完成,主要为了给学生梳理整节课的内容,是教学内容的整体框架,从课堂开始到结束,正板书一直呈现在黑板上,同时教师还会在课堂即将结束时,运用正板书开展教学内容的整体复习与进行重难点的强调,让学生对教学内容有全局认识。其书写要求工整、整洁且有条理性。

(二)副板书

副板书是在教学过程中作为正板书的补充或注脚而写在黑板两侧的文字或符号。副板书也叫辅助板书,它呈现的是与课堂教学有关的补充说明、强调、注释等零散知识。

其书写格式没有严格规范,可以随写随擦。

(三)板书书写示范

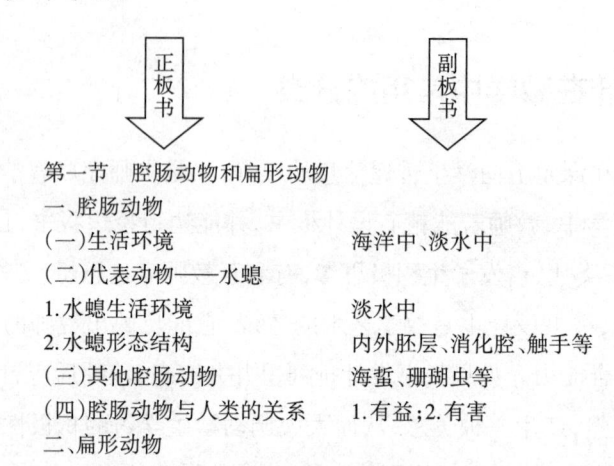

正板书	副板书
第一节　腔肠动物和扁形动物	
一、腔肠动物	
(一)生活环境	海洋中、淡水中
(二)代表动物——水螅	
1.水螅生活环境	淡水中
2.水螅形态结构	内外胚层、消化腔、触手等
(三)其他腔肠动物	海蜇、珊瑚虫等
(四)腔肠动物与人类的关系	1.有益;2.有害
二、扁形动物	

图10-1　正板书与副板书

三、板书的功能

板书作为一种重要的教学手段,其好坏直接影响教学效果。它调控教学过程,引导师生互动,展示教师教学基本功,它对学生的影响是全方位的,能吸引学生的注意,以便于学生理解和记忆知识,发展学生的思维,给学生以美的熏陶,与学生的学习效果密切相关。一节优质的课堂教学,板书的合理应用必不可少,板书在课堂教学的作用主要体现在以下几个方面。

(1)板书有助于教师提示和讲解教学内容,体现内容结构和教学程序,使学生容易接受。好的板书具有层次清楚、主次分明、逻辑性强、各种关系表示准确等特点,可启发学生进行科学的思维;帮助学生记忆、分析、消化、巩固所学知识;引导学生掌握学习重点,顺利解决难点等,从而促进学生各方面能力的提高。与此同时,板书有助于将所学的内容,尤其是将较复杂的教材内容分成层次与段落,主次分明,便于学生理解和掌握。对于连续的板书,能使学生体会到教材内容的系统性和内在联系,从而准确地把握住知识的整体结构。可见,板书在对学生掌握知识、分析问题过程中起着十分重要的作用。

(2)板书是课堂教学内容的逻辑主线,有助于突出课堂教学重点,有助于学生理解和掌握知识,还有助于帮助学生强化记忆、减轻学习负担、提高学习效果。针对教学目标要求,学生把握知识内容的整体性、获得所学内容的框架,知晓内容重、难点是课堂教学的基本要求。为此,在教学中,教师除了运用生动的语言、灵活的方法、直观的教具进行课堂教学外,通过简明扼要、生动直观的板书来体现教学框架结构和内容重、难点显得十分必要。板书本就是知识内容的整体概括,是信息传输的通道,通过特殊的标记还能起到突出教学重、难点的作用。一些学生按教师的讲解作简明扼要的笔记的能力较差,这就要求教师的板书尽可能规范,使学生能将课堂上讲授的知识按一定的时间、空间顺序记录下来,以便于以后的复习。另外,教师板书的工整情况,讲解例题的解题思路和过程等对学生都具有示范作用,可以提高教学效果。生动有序的板书还能提高学生学习的兴趣,发展学生的智力,更好地完成学习任务。

(3)板书有助于学生课后复习,激发兴趣、启发思考。教学板书不是教材标题的重复或是课文内容的摘录,而是教学目的、教学内容及知识结构框架、教学重难点的整体概括。学生课后可以根据板书进行记录和记忆,节省笔墨、节约时间,无须花更大的精力去对老师讲解的内容进行概括和取舍,省时又省力。教材内容多是枯燥的文字,再加上课堂氛围的严肃性,在课堂上出现书写工整、形式丰富,色彩搭配合理的板书,不仅能激发学生学习的动力,还能启发其思考,使其及时消化课堂教学内容。

四、应用原则与要求

(1)板书设计必须联系教学内容、目标等,重、难点突出,条理清晰。条理清晰指板书的脉络、层次明了,各层次之间通过特殊的板书语言符号而形成一个整体。板书是课堂教学内容的总体概括,是知识点的框架呈现,包括重难点知识及辅助说明内容、教学关键点、知识点间的逻辑关系等。教师在课堂上根据知识点的难易程度和教学内容的逻辑层次性,逐一呈现板书设计,能让学生对所学内容有清晰的认识,也能对所学内容有一完整概念。

(2)板书设计要注意启发性、简洁性;内容精练,布局合理,形式多样。板书设计没有固定的形式,同一个教学内容应根据教学主旨、教学风格、教学对象等的不同,以不同的形式呈现出来,做到布局匀称得体,给人美感,而不是仅为课堂装饰。同时,衡量板书形式好与不好的主要标准是看它能否在揭示教学基本内容的基础上启发学生的思维。板书设计应做到内容既全面又简练,即板书能用凝练的文字或简洁明了的图形、符号反映教学的主要内容。

(3)板书设计要注意文字、语言的准确性、示范性、科学性,书写规范流畅。板书语言要能表达教学内容,其信息、符号精确无误。这就要求教师应书写规范,文字准确,用词恰当,概括准确,图表规范,线条整齐;粉笔字字体工整,笔顺正确,结构匀称,大小适宜,板书的行间疏密有致,字画搭配平衡,板面清洁整齐。同时,教师板书的书写应与口头语言基本一致,做到流畅,以增强课堂教学的节奏感。板书的书写是教师的基本功之一,如果教师经常写错别字、倒笔画,纵横排列歪斜,板面不洁或速度太慢,不仅有损教师形象,而且会影响课堂气氛和效果,所以教师一定要重视板书的书写。

(4)教师备课时要将设计好的板书写到教案上。板书设计的载体是课堂上的黑板或白板,由于板书的面积有限,不能容纳所有内容。而且板书一般是在课堂上完成的,书写板书的时间有限,教师在板书上不能花费太多的时间。因此,教师在上课前应先构思好板书内容,以提高课堂教学效果,做到事半功倍。

五、板书的常用类型

板书是教师课堂教学过程中不可缺少的一个部分。板书的类型随教学目标、教学内容、学生年龄特征、学习特点及接受能力的不同而不同。选择适当的板书类型对教师教学效果的改善和学生学习效率的提高有着增光添彩的作用。通常而言,板书的书写均是以课堂教学结构进程和教材的知识结构体系为基础的。具体表现为,以一节课的发展进程书写,即从课堂导入、新课讲授、巩固新课、结课等过程来书写,或者按照知识内容的内在逻辑结构关系如时间顺序、空间关系、因果关系、对比关系等完成板书。在课堂上,根据板书的具体表现形式,常将板书类型分为以下几种。

(一)提纲式

提纲式板书就是以大小不同的序号按教学内容的层次标示出相应的语句,以体现教学信息的结构体系。针对一节课的内容,通过教师的分析与综合,归纳出若干要点,以先后顺序将各个要点层层深入展开。这类板书适用于内容比较多,结构和层次比较清楚的教学内容,使用比较广泛。特别是应用多媒体教学时,教师必须将教学主要内容写在黑板上并进行串联,使学生的认知结构完整、系统。

特点:层次分明、内容系统、知识提纲挈领。

(二)流程式(又称递进式)

流程式板书是将大段烦琐的文字说明以流程的形式展开,表述出知识间的逻辑顺序。这种板书遵循事物发生、发展的顺序,把抽象复杂的内容形象、简明地再现,能使学生了解事物发生发展的前因后果,并对内容有较全面的理解,给学生生动的整体印象。

特点:层次清晰、脉络分明、知识具有连续性。

(三)结构式(又称框架式)

结构式板书是由词语、短句加上简要的连接符号(括号、直线等)相互联结而成的框架结构。这些词语或短句都是在讲授课文内容时概括出来并能准确反映文章精要的语句。该板书形式能明确表明这些词语或短句所传达的信息之间的逻辑关系。

特点:突出、准确地表明框架结构内教学信息中词语、短句的逻辑关系。

(四)表格式

表格式板书是先把讲授内容进行分类,然后根据讲授需要,把各种比较内容列入表格中。教师根据教学内容可以明显分项的特点设计表格,并提出相应的问题,让学生思考后提炼出简要的词语填入表格。教师也可边讲解边把关键词语填入表格,或者先把内容有目的地按一定位置书写,归纳、总结时再形成表格。

特点:内容扼要、对比性强、易把握事物本质、领会教学内容。

(五)图示式

图示式板书是教师运用图形、线条、箭头、符号等并配合必要的文字来组织教学内容的板书。该板书形式能将教学内容形象直观地展现在学生面前,让学生获得逼真的视觉感受,有直观、清晰全面而系统的印象,能培养学生对知识的分析、综合和应用的能力。

特点:简洁、形象、直观、富有美感,能激发学生兴趣。

(六)图解式

图解式板书是指将文字内容形象化,用极其简练的图文描绘生命结构和现象。在所有的板书形式中图解式最具直观形象性,这种板书形式能把教学内容一目了然地呈现在学生面前,很容易引起学生的注意。此类型板书特别适用于有一定难度的教学内容和低年龄段的学生。

特点:便于记忆、内容清晰、易于区分辨别。

（七）板书常用格式总结

表10-1　常用板书格式概括

种类	含义	特点	备注
提纲式	以大小不同的序号按教学内容层次标示出相应的语句	层次分明、内容系统、知识提纲挈领	最常见、范围广
流程式	将大段烦琐的文字说明以流程的形式展开,表述出知识间的逻辑顺序	层次清晰、脉络分明、知识具有连续性	—
结构式	由词语、短句加上简要的连接符号(括号、直线等)相互联结而成的框架结构	突出、准确表明框架结构内教学信息间词语、短句的逻辑关系	—
表格式	先把讲授内容进行分类,然后根据讲授需要,把各种比较内容列入表格中	内容扼要、对比性强、易把握事物本质、领会教学内容	—
图示式	教师运用图形、线条、箭头、符号等并配合必要的文字来组织教学内容的板书	简洁、形象、直观、富有美感,能激发学生兴趣	—
图解式	将文字内容形象化,用极其简练的图文描绘生命结构和现象	便于记忆、内容清晰、易于区分辨别	—

六、板书设计过程

板书设计是教学设计中的画龙点睛之笔,其设计的有效性是提高课堂教学质量的有力手段。它根据教学要求,用尽可能简约精当的文字、符号、线条和图表反映错综复杂的教学内容,增强课堂教学的吸引力、感染力,对学生的学习具有较强的启发性。师范生掌握板书设计的全过程是一名中学教师必备的基本能力之一。板书设计大体过程如下:

(1)钻研教材:教科书、课程标准、参考书。

(2)了解学生:年龄特征及身心发展规律和特点。

(3)列出板书大纲:做到有效性、概括性、简练性。

(4)设计板书格式:提纲式、表格式、结构式、图示式等。
(5)板书精加工:美化、形象、独创、新颖、生动。

七、板书教学与多媒体教学的有机结合

随着科技的发展和课程教学改革的深入推进,多媒体技术在中学课堂教学中得到广泛应用。多媒体技术的介入,把课程中一些较为抽象的概念、公式、模型等生动、直观、具体地呈现出来,有助于学生理解和掌握。因此,近些年多媒体教学愈发成为课堂教学的主要方式,传统的板书教学有被摒弃之趋势。随着多媒体教学的不断深入应用,许多教师已经发现,多媒体授课或是单纯的板书授课都存在不足,不同的教学内容需要用不同的教学方式来讲解,将多媒体技术与传统的板书教学相结合,教学效果将会更好。

(一)多媒体化难为易,板书浓缩重点

中学生物涵盖了整个自然界从宏观到微观的认识过程,生命世界从简单到复杂的历史发展过程。生物的方方面面与现实生活息息相关,尤其是那些中学生触及不到的微观知识和抽象的生物结构,如生物大分子、细胞、组织、器官、系统等。虽然学生在现实生活中经常说到或听到,但对其实质却知之甚少,甚至难以想象,从而造成思维障碍。多媒体技术解决了这一障碍,将微观世界和复杂的生物结构简单直观地呈现出来,有助于学生加深理解和记忆。例如,在学习光合作用和呼吸作用的时候,老师尽管讲解了很多,但是学生难以想象。老师借助多媒体课件能呈现光合作用和呼吸作用的基本原理,并对其进行讲解说明,最后可以通过板书的方式对过程图解进行具体的讲解。这个过程能让学生在理解的基础上掌握抽象的知识,在理解的基础上记住原理。不足之处在于,课堂上老师不停地操作多媒体,学生像看电影一样不停地盯着视频,稍微注意力不集中,就可能错过某些重要环节,一节课上总是留有知识盲点。为了避免这种情况出现,老师在放视频或图片时,如果将多媒体课件中的一些关键的、比较抽象且难以理解的重要的概念、公式、原理写在黑板上,效果大有不同。老师在板书的过程中,把各知识点之间的逻辑关系、逻辑推理条理性地呈现给学生,不仅吸引和集中学生的注意力,还促使学生独立思考问题,加深学生对教学重、难点的理解和记忆。因此,对于课堂多个平行的知识点,运用多媒体直观再现,运用板书归纳整理,有助于学生在潜移默化中提高概括总结、独立思考的自学能力。

(二)多媒体活跃气氛,板书强化学习过程

多媒体技术与板书结合,一是有利于学生视觉和听觉结合。有研究表明,人类获取的信息83%来自视觉,17%来自听觉。多媒体技术能最大限度地刺激学生的视听感官。板书是教师把章节的重、难点知识内容或教学过程中的一些突然而至的灵感系统性地讲解以刺激学生的听觉,两者结合有助于学生从视觉和听觉两方面获取信息。二是有利于课堂教学"动静结合"。课堂教学中,单一的教学方式会使课堂氛围较为沉闷,学生们的学习兴趣难以调动。教师利用多媒体技术,可以生动呈现原本枯燥的知识,从"动"的方面调动学生的学习积极性;板书从教师的表情、语言、姿态和动作等艺术角度凝聚学生的注意力,从"静"的方面启迪学生思维,减少学生接收新知识的压力。三是有利于板书教学的被动和多媒体教学的主动有机结合。板书授课中,教师虽然用最丰富的语言表达教学内容,但某些生物学上的微观世界仅能靠师生丰富的思维想象,却无法用语言形象地表达出来,多媒体教学则能够弥补语言的缺失,激发学生的学习兴趣,保证学生主体作用的发挥。

(三)以学生为中心,强化师生互动

教学过程是由教师的教和学生的学所组成的双边活动。在这个过程中,学生是课堂的主体,教师是传授知识者,教师要用最佳的授课方式吸引学生的注意力,调动学生学习主动性,激发学生学习兴趣,鼓励学生创新思维,活跃课堂气氛等。多媒体技术与板书结合,打破了多媒体技术"机器本位化"现象,增强了学生和老师的情感交流和信息交流。如果全堂课都用多媒体课件讲授,教师就成了多媒体课件的"操作者",快节奏无缝隙地"满堂灌",学生在接收新知识时,往往要经过多个环节,如对比、记忆、理解和运用等等,而在这种快节奏的机器式的"一言堂"灌输过程中,学生只能同"搬运工"一样不加仔细思考地记笔记,一堂课下来学习效果甚微。这样的课堂使得教师的"教"和学生的"学"处于分离状态,师生之间的关系越来越远。适当加入板书教学,有助于巩固学生观看课件后形成的初步的知识框架,可以给学生对问题进行思考、想象和理解的时间,学生也有了和教师探讨问题的机会。因此,板书和多媒体结合有利于调节课堂节奏和增加师生互动机会,便于教学信息与教学情感互相渗透,使学生在轻松的环境中接受知识,掌握知识,创新思维。

八、板书注意事项

(1)板书要为教学服务,要有明确的目的。应突出重点,体现难点,防止方向不明的形式主义倾向和随心所欲的自由主义倾向。

(2)板书要简洁扼要,并具有较强的针对性。应针对不同教材的文体特点及内容特点、不同学生的特点、不同课型的特点,从实际出发,因课制宜、因人制宜。

(3)板书要有高度的概括性和启发性。要做到:紧扣教材,挑选关键知识点;严格筛选,以简驭繁,以少胜多;利于理解,便于记忆。

(4)板书要有清晰的条理性,且美观大方,做到书之有序。要揭示出教材内在事理间的逻辑关系、作者的思路脉络、教者的教学意图。

(5)要有周密的计划性、有适当的灵活性。设计时,教师对板书内容出现的先后、内容间的联系和呼应、位置的安排和调整、文字的大小去留、虚实的配合、符号的选用、板书与讲述及其他教学活动的配合等,都要周密计划,力求顺理成章、水到渠成,还要尽可能适当地留有余地,主动地给学生留出"填补空白"的思考机会,使之产生发现和创造的乐趣。

第二节 板书技能案例及分析

一、提纲式

以大小不同的序号按教学内容层次标示出相应的语句,以体现教学信息的结构体系。如图10-3所示。

(1)教材来源:人教版八年级上册第五单元第一章第一节《腔肠动物和扁形动物》。

板书内容：

第一节　腔肠动物和扁形动物
一、腔肠动物
（一）生活环境
（二）代表动物——水螅
1.水螅生活环境
2.水螅形态结构
（三）其他腔肠动物
（四）腔肠动物与人类的关系
二、扁形动物

图10-3　提纲式板书

（2）案例分析：书本上的教学内容在学生的眼里仅为一个个零散的知识点，并非完整的知识体系。教师应帮助学生梳理课堂所学知识，将教学内容以整体框架形式呈现，形成清晰的知识脉络，便于降低学生学习的难度，也便于学生后续知识的迁移应用。通常，提纲挈领、层次明显的知识点的梳理用提纲式较好。

二、流程式（又称递进式）

将大段烦琐的文字说明以流程的形式展开，表述出知识间的逻辑顺序。如图10-2、10-3所示。

（1）听觉的形成。教材来源：人教版七年级下册第四单元第六章第一节《人体对外界环境的感知》。

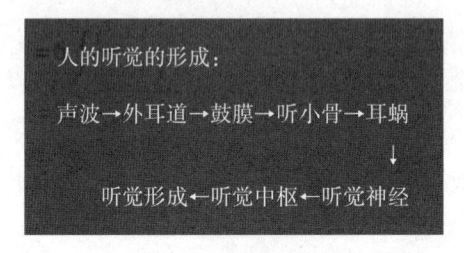

人的听觉的形成：

声波→外耳道→鼓膜→听小骨→耳蜗
　　　　　　　　　　　　　　　↓
听觉形成←听觉中枢←听觉神经

图10-2　流程式板书

（2）体循环和肺循环的过程。教材来源：人教版七年级下册第四单元第四章《人体内物质的运输》。

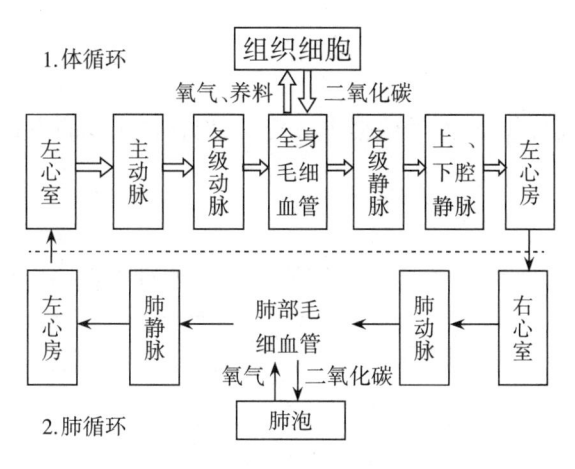

```
1.体循环         组织细胞
          氧气、养料 ↕ 二氧化碳
┌───┐ ┌───┐ ┌───┐ ┌───┐ ┌───┐ ┌───┐ ┌───┐
│左 │ │主 │ │各级│ │全身│ │各级│ │上、│ │左 │
│心 │→│动 │→│动 │→│毛细│→│静 │→│下腔│→│心 │
│室 │ │脉 │ │脉 │ │血管│ │脉 │ │静脉│ │房 │
└───┘ └───┘ └───┘ └───┘ └───┘ └───┘ └───┘
  ↑
┌───┐ ┌───┐  肺部毛   ┌───┐ ┌───┐
│左 │ │肺 │  细血管   │肺 │ │右 │
│心 │←│静 │←────────←│动 │←│心 │
│房 │ │脉 │           │脉 │ │室 │
└───┘ └───┘           └───┘ └───┘
         氧气 ↑ 二氧化碳
2.肺循环        肺泡
```

图 10-3　流程式板书

(2)案例分析:教材中知识点都多是用大段的文字进行描述,而中学生尤其初中生对于文字的理解能力有限。教师通过对文字内在逻辑进行梳理,用最简洁直观易理解的流程图呈现给学生,将复杂的文字知识点一目了然,步骤清楚,层次分明地展现出来,易于学生接受。尤其对于教材中多步骤实验的讲解,用流程图的形式呈现是很好的方法。

三、结构式(又称框架式)

由词语、短句加上简要的连接符号(括号、直线等)相互联结而成的框架结构。如图10-4所示。

(1)教材来源:

①人教版七年级下册第四单元第六章第三节《神经调节的基本方式》。

反射弧结构模式图:感受器 —传入神经→ 神经中枢 —传出神经→ 效应器

②人教版高中生物拓展知识。

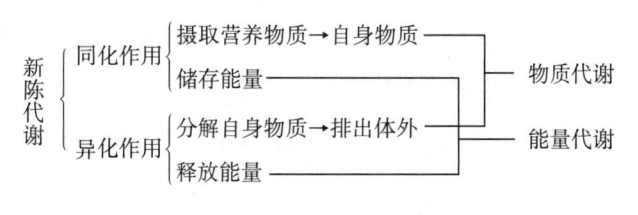

```
       ┌同化作用{摄取营养物质→自身物质 ┐
新陈     │         储存能量            ├物质代谢
代谢    │                              │
       └异化作用{分解自身物质→排出体外 ┤
                 释放能量              └能量代谢
```

图 10-4　结构式板书

(2)案例分析:学生对于看起来简单的知识更容易接受。教师通过提取教学内容的关键词,把烦琐的教学内容用最简洁的文字或符号表示出来,利于学生理解记忆。对于知识点多且复杂的章节,此种类型的板书较适用。

四、表格式

先把讲授内容进行分类,然后根据讲授需要,把各种比较的内容列入表格中。如图10-5、图10-6所示。

(1)教材来源:

①人教版七年级下册第四单元第四章第二节《血流的管道——血管》。

血 管	结构特点	功 能
动 脉	管壁较厚、弹性大,管内血流速度快	将血液从心脏输送到身体各部分
静 脉	管壁较薄、弹性小,管内血流速度慢	将血液从身体各部分送回心脏
毛细血管	管壁非常薄,只有一层上皮细胞构成,内径十分细小,血流速度最慢	便于血液与组织细胞充分地进行物质交换

图10-5　表格式板书

②人教版高中必修1第4章《细胞的物质输入和输出》。

项目	被动运输		主动运动
	自由扩散	协助扩散	
浓度梯度	高——低	高——低	低——高
是否需要能量	否	否	需
是否需要载体	否	需	需
例子	气体、水、尿素、甘油等	葡萄糖进入红细胞	核苷酸、氨基酸、葡萄糖

图10-6　表格式板书

(2)案例分析:针对教材中许多概念相似的知识点,教师在一张表格里将这类知识的异同或差异直观呈现出来,通过表格中知识点的对比利于学生加深记忆和巩固知识,也利于学生对这类知识的异同在记忆中形成一个完整的框架结构,能帮助学生对相似内容进行归纳整理,比较、区分。此类板书常用于相似章节或相似知识点的讲解。

五、图示式

教师运用图形、线条、箭头、符号等并配合必要的文字来组织教学内容的板书。如图10-7所示。

(1)教材来源:人教版高中必修1第二章第二节《细胞中的无机物》。

细胞中的水:

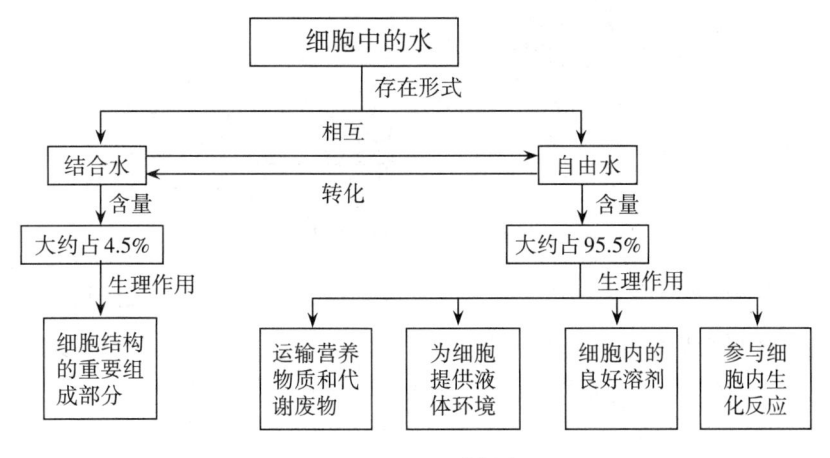

```
                        细胞中的水
                           │ 存在形式
              ┌────────────┴────────────┐
              │          相互           │
           结合水 ←──────转化──────→ 自由水
              │ 含量                    │ 含量
              ↓                         ↓
         大约占4.5%                 大约占95.5%
              │ 生理作用                │ 生理作用
              ↓              ┌─────┬────┴────┬─────┐
         细胞结构          运输营养  为细胞   细胞内的  参与细胞
         的重要组          物质和代  提供液   良好溶剂  内生化
         成部分            谢废物    体环境             反应
```

图10-7 图示式板书

(2)案例分析:对于存在网络式结构的知识,学生不易找清楚其内在联系,教师利用图示式板书可以清晰简洁、形象、直观、富有美感地将知识间的内在联系呈现给学生。这种将复杂的知识简单化的板书,更能激发学生的学习兴趣,也更易于学生建立知识的完整体系。

六、图解式

将文字内容形象化,用极其简练的图文描绘生命结构和现象。如图10-8、10-9所示。

(1)教材来源:

①人教版高中必修1分子与生物:细胞、细胞核、染色体、DNA、基因的包含关系。

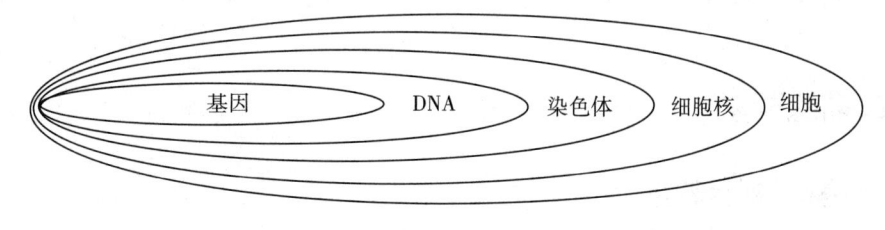

基因 DNA 染色体 细胞核 细胞

图10-8 图解式板书

②人教版高中必修2第二章第一节《减数分裂和受精作用》。

图10-9　图解式板书

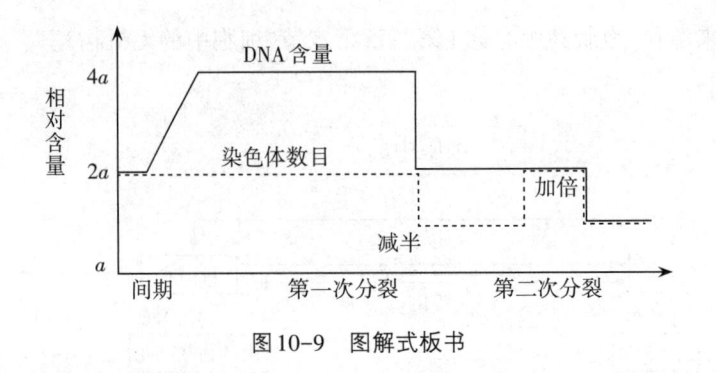

(2)案例分析:教材中某些知识的量化内在联系通过图解的方式清晰明白地呈现出来,能帮助学生将知识由感性认识升华到理性理解。教师利用图解式把知识清晰、量化地呈现给学生,以便于学生记忆并区分知识点间的细微差别。

第三节　技能训练和操作

一、训练标准

板书,既是教师应当具备的教学基本功,又是新教师必须掌握的一项基本教学技能。好的板书不仅能显示教学思路、体现教学意图(表达形象直观)、深化课文内容,还能突出教学重点、加深学生印象、有利于学生巩固记忆知识、增强学习效果。所以,新教师应该了解板书的作用与目标、板书的类型与要求、板书设计的方法与技巧。

板书技能训练能否实现既定效果可参照如下标准:第一,板书是否运用了简要的文字、符号和图表;第二,板书是否呈现了教学框架,简化了教学过程;第三,学生是否能凭借板书理解教学内容,抓住教学重难点。

二、训练要求

(一)编写演示教案

教案应涵盖以下内容:为什么选择这种板书类型;板书如何促进学生学习;板书内容是否恰当,板书目的是否明确、结构是否清晰、内容是否恰当,效果是否凸显;教案是否紧凑、逻辑是否严密。

（二）板书实践训练

教师借助微格教学系统,并按照学生强弱搭配的原则,对班级学生进行技能训练分组,指导学生开展小组合作学习。实践训练操作如下：首先,每位师范生在小组内进行板书训练,并由小组成员对训练内容逐一点评；其次,小组成员在组长的组织下集体讨论推选最优板书设计,并对最优设计进行完善、试讲；最后,小组推选组员在课堂上呈现各组最优板书设计及设计思路,由教师对其进行点评,并提出改进与完善建议和意见。

三、训练的量化评价表

表10-2　板书设计及设计思路解说评价表

班级_____　授课人_____　时间_____

序号	评价标准	分值	A(1.0)	B(0.8)	C(0.6)	D(0.4)	E(0.2)	得分
1	板书目的明确,紧密结合教学内容	15						
2	板书能激发学生的思维和兴趣	15						
3	板书知识框架清晰	10						
4	板书内容、顺序恰当	10						
5	板书特殊符号应用突出重点	10						
6	板书简明扼要	10						
7	板书与其他技能配合,富有表达力	10						
8	粉笔字画美观工整、时机适宜	10						
9	板书技能设计思路解说逻辑清晰	10						
	合计							
评价意见								

第十一章　课堂组织管理技能

本章学习目标：1. 说出课堂组织管理技能概念。
　　　　　　　2. 列举课堂组织管理技能类型。
　　　　　　　3. 简述课堂组织管理技能原则和注意事项。

第一节　认识课堂组织管理

课堂组织管理从教师踏进教室准备上课开始到课堂教学任务完成准备下课结束，无时无刻不在进行着，它贯穿于整个课堂教学过程中，是教师运用管理学、心理学、教育学等知识，对课堂教学各环节进行的计划、组织和调控。课堂管理不仅关系到课堂教学质量，对学生的身心发展状况也有影响。优质的课堂教学，离不开教师的组织管理。

一、课堂组织管理技能的概念

课堂组织管理是整个课堂教学的中心环节，直接影响课堂教学的成败。课堂组织管理的内涵，不同的学者有不同的认识，通常而言，课堂组织管理是指教师为了顺利达成教学目标，根据学生的身心特点，在课堂上建立合适的教学秩序，保证师生在课堂上的有效互动，促进课堂教学活动顺利开展。这是师生共同参与的过程，教师的行为是决定因素，学生的行为反作用于教师的管理行为，其根本目的是要实现既定的教学目标，促进学生的发展。

课堂组织管理技能，即指在课堂教学过程中，教师不断地组织课堂教学、管理课堂纪律、引导学生课堂学习，建立和谐的课堂教学环境，进而帮助学生达到预定课堂目标的行为方式。

二、课堂组织与管理的意义

在教师授课过程中,课堂组织管理是课堂教学得以顺利实施的重要前提,只有良好的课堂纪律才能保证优质的教学质量,它可以培养学生自觉遵守纪律的好习惯,创设一个最佳的教学环境,提高课堂教学效率。课堂组织管理的好与坏直接影响着教师教学的进程。著名的加拿大华裔心理学教授江绍伦曾经说过:教师必须把纪律作为他进行教学的一个重要部分教给学生。可以肯定,其重要性不低于所规定课程的学科内容。由此可见,课堂组织管理既是教师有效实现教学目标,保证教学质量的重要环节,又是培养学生自觉遵守纪律的有效途径和方法,具有十分重要的意义。具体表现在:

(一)组织和维持学生的注意

注意是一种常见的重要心理现象,注意分为无意注意和有意注意两种。教师在课堂教学时,应时刻进行课堂组织和维持课堂的正常教学秩序,并将学生的注意力吸引到课堂教学知识的学习中,实现学生的学习从无意注意向有意注意转变。

(二)引起学习兴趣和动机

兴趣是学习动机中最现实、最活跃和最实际的因素。学生若对教学知识产生兴趣,就会产生积极主动学习的意向,自觉获取知识。教师根据不同年龄层次的学生特点,在课堂上开展有效的课堂组织管理,如创设良好的课堂学习氛围、在知识的学习中给予积极向上的鼓励等,调动学生的积极性。

(三)增强学生的自信心和进取心

课堂上,在新知识的学习过程中,教师若能给予学生恰当的表扬和鼓励,能增强学生的自信心和进取心,振奋学生的精神,使学生的学习心理形成一种良性循环,这种学习状态能提高学生的学习效率。相反,教师若课堂上对学生的学习表现,总是给予否定,学生会认为自己不行,认识理解能力有限,会产生自卑感,严重影响教师正常教学的开展。

(四)创造良好的课堂气氛

课堂氛围在很大程度上影响着课堂教学效果,教师为学生营造生动、活泼的教学氛围,有利于促进教学过程中教师和学生的有效互动,让教师的教和学生的学都取得最大化的效果,从而提高课堂教学效率。

总之,教师在课堂上应做到以学生为主体,做好课堂互动和建立课堂的激励机制,形成师生间相互学习、共同进步的良性课堂环境。

三、课堂教学环境特点

课堂是教师开展教学活动的重要场所。课堂教学环境对课堂教学活动能否顺利开展有重要的影响。良好的课堂教学环境可以激发学生的学习热情,使学生产生积极的学习情绪,从而提高课堂教学活动的质量。教师在课堂教学中,应为学生创设良好的课堂教学环境,引导学生在有趣、和谐的环境中学习,有效地调动学生的学习积极性,将学习由被动转换为主动,进而培养和提高学生的自主学习能力。通常而言,课堂教学环境分为自然环境与心理环境。

(一)课堂自然环境

课堂自然环境指课堂中那些可见的具体的环境因素,包括教室的形状、大小、座位的摆放、设备和资料的有无和放置等。自然环境影响心理环境,早期的心理学实验测算出了感知觉的适宜刺激量。教室的光线、色彩、温度、湿度、噪声等条件对课堂教学有着基本的影响,因此要保证学生在听课过程中所接受的各种刺激的适宜度。同时,课堂自然环境还应有助于增进学生良好的情绪情感体验,诸如安全感、舒适感、归属感等;方便每一位学生的听讲,适合他们与教师、与同学之间的交流,适合他们畅所欲言。目前,许多教室的装修、布置与摆设温馨如家,富有个性和地方文化色彩。很多研究者还探讨了桌椅的摆放方式、学生人数、师生比例等对课堂教学质量的影响,所以针对不同的教学对象,教师应设计符合该对象心理特点的课堂自然环境。

(二)课堂心理环境

课堂心理环境主要指课堂的氛围与班级风尚。有效课堂的氛围应当是安全的、鼓舞人心的、民主的、适度竞争的;班级风尚应当是积极向上、合作团结、相互尊重、鼓励个性成长的。在对心理环境的研究中,专家们认为相对于孤单的、荒凉的、安静的、竞争激烈的、缺乏主动性和交流的传统课堂,有吸引力的课堂具有如下特点:它是学习者表现信任、满足感的地方;师生之间相互尊重、学生之间友好合作;教师能运用很强的人际技巧,帮助学生建立紧密联系;学生具有主人翁意识与归属意识;教师具有主人翁意识且能够表现出真正的自我,具有人性化的一面等。这些特点直接关系着学生对课堂、对教学、对教师的情感与态度,最终影响课堂教学的有效性。

四、教师课堂组织管理策略与措施

有效的课堂组织管理既有助于教师实现有效教学,也有助于学生达到学习目标。当然,有效的课堂组织管理会受到很多因素的影响,如学生的个性与需要、教师的教学能力、课堂的环境等。因此,教师需要掌握一定的课堂组织管理策略,才能有效地驾驭课堂。

(一)课堂组织管理策略

1.转变课堂管理的观念

教师要进行有效的课堂管理,首先要转变观念。在当今这样一个越来越复杂的变革时代,教育理念也在不断发展、更新。课堂管理不应是通过控制、惩罚来达到纠正学生问题行为的目的,而是应该通过激励、引导以促成学生良好行为的养成。通过控制、惩罚进行管理的课堂必然缺乏生命活力和创造力,气氛也必然紧张而压抑。学生在这样的课堂里只会机械、麻木地按照老师的指令学习,如同一个牵线木偶,没有学习的热情和主动性,教学效果可想而知。因此,教师应该采取激励、引导的方法管理课堂,通过满足或唤起学生的需求,让他们不断克服面临的障碍,同时享受学习带来的乐趣。

2.建立良好的课堂环境

良好课堂环境的建立,有助于教师有效地管理课堂。研究表明,个人的需要和周围环境条件有密切的联系。因此,课堂环境对学生的课堂行为会产生十分明显的影响,如可以制定有效的课堂纪律,教师在课堂上应尽量采用积极的语言,明确提出对学生的要求,而且对于严重影响课堂纪律的学生,教师应立即给予正面引导,不能坐视不理;还可以为学生营造宽松、和谐的课堂氛围,满足学生的心理需要,教师应该在课堂上与学生保持沟通和交流,了解他们的需要,尊重他们的需要,同时针对他们的需要及时提供帮助。通过平等地交流,师生之间相互理解、相互支持,从而建立相互关爱的良好的师生关系,让学生在课堂上有安全感和归属感。

3.加强自身的专业素养和提升人格魅力

一般而言,维持纪律的最佳方式就是吸引学生积极参加课堂活动,也就是教师提供生动有趣的教学环境,激发学生的学习兴趣,将学生的注意力牢牢地锁定在教学活动中,这样学生就不会分心。因此,教师要使课堂变得有魅力和吸引力,引起学生的注意,激发学生的学习动机,就要加强自身的专业素养和提升自身的人格魅力。

4.引导学生自我管理

许多优秀教师的实践表明,师生共同进行课堂管理,引导学生进行自我管理,是一种有效的课堂组织管理策略。师生共同参与,既能增强学生的归属感和向心力,也能满足学生自治和独立的需要,让学生享有和老师共同管理课堂的权利,同时也有助于建立教师的威信。

(二)课堂组织管理措施

根据上述课堂组织管理策略,教师要想有效掌控课堂,在课堂组织管理中能得心应手,在课堂上可以采取如下措施:

(1)教师需要在课堂前做好备案,使得上课的内容丰富有吸引力,只有当学生被教师精彩的知识传授吸引时,才能做到和教师积极配合,共同营造出和谐的课堂氛围,无形中避免了很多课堂教学中可能出现的问题。

(2)教师不仅在知识上严格要求自己,还要在品德素质上严格要求自己。面对学生,教师应该具有端庄的形象,亲切的态度,崇高的品德,才能赢得学生的尊重,才能使得学生在心底里佩服喜爱教师。在与学生相处的过程中,教师要时刻关心学生的生活,无微不至,时刻以学生的利益为先,让学生感受到应有的温暖。

(3)教师在课堂教育中需要掌握多种教学方法,掌握教育学、心理学、管理学等知识,在课堂的讲授中使用多种工具和手段,比如:多媒体工具、实验演示工具及实习指导、小组合作手段等,让学生在轻松、愉快的课堂气氛中收获知识,这样既丰富了教学的形式,又培养了学生的自主思考能力。同时,教师还应该做到针对课堂中出现的各种状况随机应变,最终实现课堂组织管理的最佳效果。

五、课堂组织管理应用的注意事项

在现行教育体制下,课堂是教师和学生进行沟通与交流的主要场所,也是学生在学校进行学习的主要场所。师生有共同的责任和义务创设充满生机活力、具有创造性和生命力的课堂,让课堂成为师生获得知识和精神交流的愉快天地。但如今,部分教师对课堂产生疲倦厌烦、无奈乏味之感,也有不少学生对课堂学习产生乏味厌倦甚至恐惧感,有时捣乱课堂纪律,有时只专注于自己的世界。这样,课堂成了一个没有任何交流互动、死气沉沉的场所。课堂教学中,教师为了保持课堂的活力与生机,在课堂组织管理中应注意以下几点:

(一)了解学生的需要

教师在课堂上应尊重、理解每一名学生。教师应该用发展的眼光去看待学生,把握学生学习的兴趣规律,对于学生遇到的困难给予帮助,善于用言语鼓励引导学生,增强学生的自信心。但是在传统的课堂教学中,教师对学生的关注或者说对学生的全面性认识不够,不愿意也不敢把课堂的主动权交给学生,只是看重对知识的传授与接收,却不去探究对学生学习能力以及道德观念的培养。其实,教师应善于运用各种教学方法,在维持课堂纪律的基础上活跃课堂气氛,积极调动学生的积极性,并注重与学生的交流,鼓励其思考,以提升教学质量。

(二)建立积极的师生关系和同伴关系

师生关系的中心在于教师,教师和学生的相处时间较长,所以学生对教师有依赖的心理,会更加信任教师。学生难免会做错事,教师应该对其进行正确的引导和教育,而不应该只有惩罚甚至请家长。教师只有理解学生、信任学生、鼓励学生、支持学生,才能真正赢得学生的尊重,才能称得上是学生"真正的朋友"。

(三)养成学生良好的学习习惯

学习习惯是在学习过程中经过反复练习形成并发展起来的一种自觉性的学习行为方式。良好的学习习惯,有利于学生积极主动地学习;有利于培养学生自主学习的能力;有利于培养学生创新精神和创造力;还有利于教师课堂上教学策略的顺利实施,教学目标的有效达成,对学生学习效率的本质性提高意义重大。

第二节　课堂组织管理技能案例及分析

课堂教学中有效的组织管理能保证课堂正常秩序和高效教学。有效的课堂组织管理是教师顺利完成教学的前提,对课堂教学效果有着重要的影响。新教师由于教学经验的缺乏,往往难以在课堂教学中很好地把控课堂,课堂上在遇到一些棘手问题时也会显得有些手足无措。这里介绍一些课堂教学组织管理中的成功案例和不足做法,以便于师范类本科学生和刚进入工作岗位的新教师尽快转变角色,进入教师状态。

一、课堂组织管理中的成功做法

(一)合理应用鼓励与表扬,让学生成为课堂的主人

在课堂教学中,教师经常会开展一些课堂教学活动,或者进行教学内容的课堂提问。教师在活动或提问进行前,应运用语言或行动帮助学生建立自信心,如说一些鼓励学生的话,行动上帮助学生克服困难,消除后顾之忧等。在教学活动或提问过程中,教师应直接给予适当的指导或提醒。活动或提问完成后,教师还应对活动结果或提问进行总结,对好的结果应给予肯定和表扬,让学生感受到学生是课堂上的主体,是课堂的主人。

(二)了解学生的个性,找出解决办法

课堂教学过程中,学生不可避免地会出现许许多多状况。课堂上学生看小说、交头接耳、睡觉等情况较为常见,教师应掌握不同学生的特性,根据学生出现状况的不同缘由巧妙应用不同的办法解决,以保证课堂秩序的顺利进行。如害羞或腼腆的学生,若上课走神、睡觉,教师可以应用肢体语言给予提醒;调皮、捣蛋的学生,若上课说话、小动作频繁,课堂上教师应及时制止,并给予适当的批评,避免影响到课堂教学;自尊心很强的学生影响课堂,教师直接提醒或批评也许会适得其反,应以鼓励的方式给予间接提醒。

(三)巧妙地应用教学语言和课堂体态语

课堂教学过程中,教师应定期变换说话的语速,而且变化的语速应随着教学内容和学生学习状态改变,如讲到重要概念或原理时,语速可以稍慢一些,同时,语音可以适当

加重。语速、语音的改变能将学生已分散的注意力重新集中起来,可以起到加强注意和突出重点的作用。

课堂中常会出现学生管不住自己,不自觉地和同桌小声说话的情况,这个时候,教师可以突然停止讲课,看着学生,课堂会很快安静下来,讲话的同学会意识到问题并停止说话;又或者在课堂上出现呼呼大睡的学生,或看与课堂无关书籍的学生,教师可以很自然地直接走到该学生课桌旁,在不影响教学的情况下,轻敲几下该学生课桌给予提醒,这样不用一句话就能使课堂保持安静,也不会影响教学进程。

二、课堂组织管理中有待改进的做法

(一)教学组织力不够,时间分配不周全

课堂教学的组织应贯穿整个课堂。在课堂教学中新教师通常会遇到某些课程教学内容相对较多的情况,新教师为了能保证教学任务的完成,一走进教室即开始上课,基本或完全不考虑这时的教学环境是否适合开始教学,可想而知,在没有组织好课堂教学环境下,教师不仅不能有效完成教学任务,反而还会花费大量的时间进行课堂管理,这既浪费了时间,又达不到效果。反之,新教师遇到教学内容较少的课堂时,会出现一节课还没结束,教学任务已经完成,剩余的课堂时间又没有合理的教学安排的状况,可想而知,学生处于无序状态,或者说话,或者打闹,或者无所事事,难以有效掌控课堂。

(二)学习要求不明确,教学监管不够

课堂上,教师应对学生的课堂学习活动提出明确的要求,如安排课堂练习、课堂讨论、课堂实验时,应对安排的具体内容、完成时间、完成结果等要求明确告知学生,让学生在课堂上带着目的去开展活动,这便于组织学生学习,管理课堂活动。反之,学生不清楚具体的活动情况,会导致各种状况的出现,如有很快完成,悠然自得,四处张望的;有急躁不安,频繁翻书的;更甚者,有干脆不进行课堂活动,交头接耳,左顾右盼的。这些情况的出现,都是由于教师监管不到位引起的。

(三)课堂提问不组织,全员参与不够

课堂提问是教学过程中不可缺少的重要部分,课堂提问的组织应做到面向全体学生,让学生认识到提问对象是班上学生中的任何一位。教师提问后,应动员学生都去思考、分析问题;同时,做到随机安排个别学生回答,在学生回答问题过程中,切忌演变成教师和提问学生的单独对话。这时,教师应组织全班的学生对提问学生的答案进行分析,根据学生回答给予问题的提示、引导,并组织班上其他同学对学生的回答进行补充,做到全班思考问题、全班回答问题。反之,课堂上会出现不需要回答问题的学生无所事事,进而开始交头接耳,游离在课堂学习之外的状况。

总之,没有有效的课堂组织管理,就没有有效的课堂教学。

第三节　技能训练和操作

一、训练标准

课堂教学组织管理是一项融合科学、艺术于一体的富有创造性的工作。要做好这项工作,教师不仅要懂得课堂教学规律,掌握一定的教育学、心理学知识,还必须关注每一位学生,运用一定的组织管理艺术,努力调动学生的有意注意,激发学生的情感,使学生在愉快、轻松的心境中全身心地投入学习中去,提高课堂教学效果。

课堂教学组织管理技能训练能否实现既定目标可参照如下标准:第一,组织管理是否利于教师在课堂上有效传递教学内容;第二,课堂组织管理的时间是否合理,不影响教师授课;第三,教师课堂组织管理方法和技巧是否恰当,达到效果。

二、训练要求

(一)编写课堂组织管理教案

教案应涵盖以下内容:为什么选择这种课堂组织管理方法;组织管理如何促进学生学习;该组织管理方法是否恰当,课堂可操作性、效果是否凸显;是否立足于学生,以学生为中心;教案是否紧凑、逻辑是否严密。

（二）课堂组织管理实践训练

教师借助微格教学系统，并按照学生强弱搭配的原则，对班级学生进行技能训练分组，指导学生开展小组合作学习。实践训练操作如下：首先，每位师范生在小组内进行课堂组织管理训练，并由小组成员对训练内容逐一点评；其次，小组成员在组长的组织下集体讨论推选最优课堂组织管理有效设计，并对最优设计进行完善；最后，小组推选组员在课堂上呈现最优课堂组织管理设计及设计思路，由教师对其进行点评，并提出改进与完善建议和意见。

三、训练的量化评价表

表11-1　课堂组织管理设计及设计思路解说评价表

班级_____　授课人_____　时间_____

序号	评价标准	分值	A(1.0)	B(0.8)	C(0.6)	D(0.4)	E(0.2)	得分
1	语言恰当，要求明确，控制教学过程效果好	10						
2	课堂组织管理方法得当	10						
3	组织管理能使学生始终处于积极状态	10						
4	能及时注意到学生反馈并调整好教学	10						
5	能控制好教学进度、掌握好教学时间	10						
6	组织管理以学生为中心，尊重学生	15						
7	组织管理方式灵活多样，并善于处理各类突发情况	15						
8	处理特殊学生和一般学生方法得当	5						
9	组织管理中师生配合默契	5						

续表

序号	评价标准	分值	A(1.0)	B(0.8)	C(0.6)	D(0.4)	E(0.2)	得分
10	组织管理技能设计思路解说逻辑清晰	10						
	合计							
评价意见								

第十二章　课堂体态语技能

本章学习目标:1.说出课堂体态语技能概念。
　　　　　　2.指出课堂体态语技能的特点、功能、注意事项。
　　　　　　3.详述课堂体态语技能的基本内容。
　　　　　　4.进行课堂体态语技能实践训练。

第一节　认识课堂体态语

语言是人类最重要的交际工具,是人类反映客观世界的重要手段,但不是唯一手段。一名成功的教师在课堂教学中,不仅仅只将语言作为和学生交流的工具,还会借助于外表、姿态、面部表情等体态语。教师的体态语对学生的心理有着重要影响,它直接作用于学生的心灵,影响着教学的效果。

心理学家弗洛伊德曾说:没有人可以隐藏秘密,假如他不说话,他则会用手指说话。著名教育家马卡连柯也对课堂上教师体态语的重要性作了充分的肯定:教育技巧,也表现在教师运用声调和控制面部表情上。因此,在课堂教学中恰当地使用体态语,可帮助教师掌控课堂环境,调节课堂氛围,为学生创建一个平静、和谐而又充满生气的课堂。这对提高课堂教学效果、提高教学质量有着积极的作用。

一、课堂体态语概念

体态语是教学的辅助手段,是对有声语言的必要补充和有效深化。相对于口头语言,体态语包括面部表情、眼神、动作姿态、手势、外表修饰等。

课堂体态语指教师在教学过程中运用眼神、表情、手势等非语言行为,对学生施加影响的一种交流方式,是教师必须具备的一种特殊语言。它是教师对学生进行教学的一种辅助工具,是完善或促进教学的一种有效手段。同时,体态语还能丰富语言含义,直接表现出教师内心情感,使语言表达更生动、更形象。教师的体态语对发挥学生的主体意识,培养学生的创新意识有着重要意义。

二、体态语特点

教师在课堂教学中有效应用体态语,能够补充言语信息、增强表达效果,它在人类言语交际中也发挥着极其重要的作用。体态语作为教师在课堂上和学生交流的一种行为方式,有其自身特点:

(一)真实性

教师在课堂上说出来的言语,通常都是经过大脑思考后组织形成的,而体态语传递出来的信息往往是无意识或半意识状态下显示出来的,虚假的成分较少。研究表明,人的体态语传示出人的内心世界的效果是言语的五倍。

(二)连续性

课堂上,当教师在停止言语表述后,其体态语仍然继续,表现为手势示意、用眼睛扫视又或者向他人倾斜身体、频频点头等各种状态,而这些体态语大都是在向学生传输一定的信息来辅助教师接下来的言语行为。

(三)随意性

在课堂教学中,由于体态语所表达出来的含义不一定能被学生准确地接收,甚至有可能会被学生曲解,所以体态语的不确定性较大。也正由于其随意性的特点,体态语一般难以单独存在在课堂上,它总是伴随言语发挥着不可缺少的辅助作用。

(四)直观性

生物学科大多数的知识都是学生难以用肉眼看到和用身体直接感受到的,如微观世界的细胞,宏观世界的生态系统,教师借助体态语可以将抽象的东西具体直观化,将陌生事物与学生的生活联系起来。

（五）解释性

课堂教学中,体态语有时比语言解释更清楚明了。新教师通常会发现,用言语阐述某些生物学概念或原理,很难让学生立马听懂这些概念或原理的本质含义,当教师借助动作进一步表明自己的意图时,课堂的学习氛围会立即活跃起来。事实证明,学生对某些新知识的理解往往不是通过教师的讲解达到的,而是通过观察教师的表情或动作得到的。

三、体态语的基本功能

随着教学改革的不断推进,课堂体态语在课堂教学中所发挥的功能越来越受到中学教师的重视。有教育教学的专家曾说:非语言交际对教师至关重要。研究表明,教师如果学会在课堂上有效地运用体态语,师生之间的关系就会得到改善。不仅如此,学生的认知能力和学习效率也会提高。通常,一名优秀的中学教师除了具备较好的语言能力外,在课堂上还要恰如其分地将手势、姿态、眼神、面部表情等体态语展现给学生,达到既定的教学目的。

（一）帮助组织教学

上课铃声响后,教师仪表端庄且略显严肃地走上讲台,不用多说一句,原本嘈杂的教室就会立刻安静下来,同学们的注意力也将会看向教师,即将开始上课的教学氛围调动仅由教师的肢体行为来完成。而且,教师在课堂教学过程中,为了不影响教学进度,对个别没有进入学习状态的同学以目光注视或手势提醒的方式告知,既可保持正常上课,又不会"语惊四座",打扰到其他同学。这种以体态语的方式掌控课堂、组织教学,既能节约时间,又能提高课堂教学效果。

（二）辅助言语教学

课堂教学中,教师通常都会以口头言语的方式完成知识点的讲解。教师若在阐述或解释一些较为抽象且具有空间结构的知识时,仅通过言语讲解难以有效表达其本质含义,体态语可以较好地辅助、增强言语教学,利于教师更加生动地传授知识信息。因此,课堂上教师若能将体态语与言语教学完美结合,可以起到事半功倍的效果。

(三)营造学习氛围

通常在课堂教学时,当教师提问后,由于课堂活跃度不够,会出现学生想回答但又不敢回答的状况,这时教师可以用目光、微笑、手势等体态语对学生进行鼓励,为学生建立起信心。课堂上,教师若发现学生情绪低落,教学气氛压抑,或者讲课时间过长,学生出现厌学、不学的情绪状态时,可通过适当手势和滑稽表情并结合幽默语言重新为学生营造学习氛围。

(四)掌控课堂环境

人所表现出来的体态语大多数反映了其真实的内心世界。在课堂上,教师对学生体态语的观察是了解学生的主要手段。学生的表情、动作能反映学生当时的学习状态。教师可以通过学生表现出来的体态语来了解课堂教学效果,随时调节教学进度,改进教学方法,调整教学内容。同时,教师也可以通过自己的面部表情、手势、姿态等来表达对学生课堂行为的肯定或否定,以达到控制学生课堂行为的目的。

(五)搭建师生间情感沟通桥梁

教师在课堂教学中除了应用言语教学外,生动的体态语可以增强学生学习兴趣,帮助学生营造良好的课堂氛围。同时,教师亲切的笑容、信任的眼神、温柔的表情等都会给学生留下深刻印象,让学生感受到教师的亲和力,自愿在教师的指引下接受知识。如当学生向老师质疑问难或回答教师的问题时,教师若带着和善、真诚的微笑答疑或纠正无疑会给学生以鼓舞和安慰,增加师生之间的情感,维持师生友好关系。

(六)突出教学重点

课堂教学最基本的要求即是紧紧围绕教材重、难点进行教学,实现突出重点、突破难点的最终目标。教师当讲到重、难点时,如果能以手势、慷慨激昂的面部表情或恰当贴切的肢体动作,再加上特殊板书符号辅助口头语言进行讲解,必将能吸引学生的注意力,让学生对所学的重、难点知识留下深刻的印象。因而,体态语具有强调言语的语义重点、增强口头言语表达的功能。

（七）增强教学效果

在课堂上，学生对教学信息的接收主要通过两种渠道：一是聆听言语的听觉器官，二是注视体态语的视觉器官。课堂教学时，教师只有保证两条渠道都保持畅通才能取得较好的教学效果。只依靠听觉渠道，势必影响和削弱教学效果。同时，体态语的运用，还可以增加有声语言的生动性、形象性和准确性，优化课堂教学，提高教学效果。

四、体态语技能运用的基本原则

教学实践证明，要扩大学生对教师发出的有用信息的接收量，就必须增加对学生的感官刺激，以保持学生大脑皮质的兴奋，增强其信息接收系统的摄取功能，从而有效地提高课堂教学效率。教师在课堂教学中，有效运用体态语应遵从如下原则：

（一）体态语的自然表露

在平时生活中我们会发现，有的人说话时，动作生硬、刻板木讷；有的人则刻意表演，动作和姿态做作，像在"背台词"。这两种情况都会使对方觉得不真实、缺乏诚意。因此，教师在课堂教学中，手势、站姿、面部表情应做到自然、大方，让学生有一种教学进程的发展均属水到渠成之感。

（二）与言语同步进行

教师在使用体态语时，应与口头语同步进行，有机地配合言语的表达，而不能与言语脱节。如果两者分离，有可能会造成学生理解上的误区。如言语表现欢快的内容，而体态语却传递的是悲切的信号；或言语表现感伤的内容，教师却又面带微笑。这种言语和体态语的不协调，让学生很难接收到正确的信息，学生会显得无所适从。课堂上，如果体态语动作和言语不一致，往往会给人一种不真实、虚伪或有意掩饰什么的感觉。只有语言表达清晰、响亮、准确、有感情，同时配以适宜的表情、动作、姿态，才能给人留下美好的立体形象。

（三）体态动作简单精练

教师在课堂上举手投足要符合一般生活习惯，简洁明了，易于被学生看懂和接受，切忌弄巧成拙。体态语不应搞得烦琐复杂,拖泥带水。课堂是一个严肃的环境,讲台不是舞台,教师在讲台上也不应龇牙咧嘴、手舞足蹈像是在表演。否则,体态语不仅会喧宾夺主,妨碍有声语言的正常表达,也会使学生眼花缭乱、不知所措。

(四)体态语适度得体

课堂上,体态语通常都是作为言语的辅助手段而存在,一般不能脱离言语而单独存在。所以,我们运用体态语要适度,恰到好处,不可喧宾夺主。教师的体态语动作必须与言语内容、情绪、气氛协调一致,不要故作姿态、故弄玄虚,甚至手口不一。如果教师的每句话都只用一个表情或一个动作,或摇首弄姿、手舞足蹈,随意发挥,反而会弄巧成拙,令人反感。比如,当教师在课堂上与学生交流时,或倾听学生意见时,总是心不在焉且手脚不断抖动,只会让学生感到不安甚至不敢再发一言。所以,体态语应配合言语的含义,适度和适宜地辅助、增强言语的表达,一举手、一投足都应恰到好处。

(五)体态语生动有活力

生动是对体态语的细节要求,使它在运用中富有活力,能够感人。只有生动的体态语,才能艺术地表情达意,才能给人以美感,从而产生感染力和征服力。事实上,体态语是丰富多彩的,如"看"这个动作就有三百多种不同的表现方式,如:正视、斜视、注视、凝视、仰视、轻视、鄙视等,每一种都代表不同的感情,而它们之间的区别只在眉眼的细节上。因此,灵活运用体态语技巧,充分展示其表情达意的活力,才能取得生动的表达效果。

(六)体态语切合语境,符合身份

在不同场合,应有不同的体态。喜庆的场合要兴高采烈,甚至可以翩翩起舞,但在严肃的、庄重的场合就不能高声说笑、手舞足蹈。在当众讲话时,一些不良的坐姿、立姿等行为动作是经常可以见到的。这种不文明行为与周围的环境不相协调,也必定影响讲话的效果。同时,体态语的运用,还要符合表达者的身份。教师的体态语动作就应该严肃、庄重,不能有轻佻的动作表情。

五、体态语技能的基本内容

(一)姿态变化

姿态通常指人的躯体和四肢动作。教育社会心理学研究表明：教学过程中，姿态是替代词语表达的一种有效而经济的辅助手段。姿态主要包括站立姿态、走动姿态和手势。一般而言，即使没有言语的一个人，若就在你面前你即可通过其所表现出来的姿态初步判断出此人的心理状态。

1. 站立姿态

站姿是课堂上最基本的姿态。教师从上课走进教室那一刻开始，不论站在任何一个角落都受到学生的瞩目，而且一直以来教师扮演着学生榜样或楷模的形象。教师的每一种站立姿态都彰显着教师的风范，能表现出教师的严谨和认真，能提升教师的教学效果。但是，站姿又不能表现得与学生过于生疏，扩大师生间的鸿沟，不利于教师教学目标的达成。因此，教师应把握好站立的姿态，既能突显教师对教学的认真程度，又能和学生建立情感上的交流。通常，教师所用的站姿最好表现出教师的自信和庄重，站立时应背脊挺直，胸部挺起，平视前方，且任何时候都不应弯腰驼背、精神萎靡。

2. 走动姿态

课堂教学 40~45 分钟时间，教师不可能一动不动地一直站着，会配合着教学讲解的进程，走下讲台和学生近距离地沟通或接触，以顺利完成教学。教师在讲台上适当地走动，有利于打破沉闷与单调的氛围。教师走下讲台来到学生中间，还能引起学生注意，缩短师生之间的心理距离，有助于师生之间的信息交流，调动学生学习的积极情绪，使得课堂充满生气。

教师在课堂上的走动应有一定的目的性，不能过于随意，也不要太过拘谨。教师的走动应符合当时已创设的教学情景，控制好走动的频率、走动的速度、走动的范围，走动姿态要大方自然，如走动的频率不宜过快，应迎合讲解的进程，切忌讲台、教室过道来回频繁走动。教师发现学生学习状态有所改变时可走下讲台以示提醒，但要控制好走动的次数，走动的速度也要与课堂气氛协调，过快地走动会打破课堂安静的学习环境，分散学生的注意力；走动的范围要注意重点、均衡，既要考虑到局部，又顾及整体。教师的走动范围要让学生感受到教师对其的关怀，尽量给予每位学生接近教师的机会，不能厚此薄彼。

3. 手势

手势指手指、手掌、拳头、臂膊等的综合运用，它是教师在课堂上姿态变化中最能直接传递给学生的一种方式。在课堂教学中，教师若能准确、适度地运用手势，既可以传达思想，又可以表达感情，还可以增加教师有声语言的说服力和感染力。也正是因为手势具有形象、指示、情意象征等多种功能，所以人们把它称为课堂教学中的"第二语言"。手势分为奉送手势、抗拒手势、摇摆手势、升腾手势及分离手势等。

在课堂教学中，教师应根据实际情况，有选择地运用好各种教学手势。如讲解抽象知识时，手势应配合讲解形象比画教学内容；讲到教学内容关键处时，教师可用简明有力的手势（如挥手、指点等）来突出教学内容的重点，以达到强化重点内容的目的；但教师要注意手势运用不能过于频繁，否则会起到相反的教学效果。切忌使用一些不良的手势，如用食指指人，用黑板擦不停地敲击桌子，玩弄粉笔或衣扣，不停地拽衣裤等，这样不仅分散学生的注意力，也会给学生不良的教学示范。

总之，教师姿态变化对课堂教学影响极大。因此，教师必须讲究姿态的美，力求姿态自然大方，适度得体，给学生以稳重但不呆板、潇洒但不做作、文静但不孤傲的感觉。

（二）面部表情变化

课堂上，教师可以通过自己的五官和脸部肌肉运动来表达或辅助表达有关课堂教学内容。教师的面部表情包括目光变化和微笑变化两种。

1. 目光变化

在面部表情中，目光是表情的核心，教学中教师的目光应具有神采、富于变化，用丰富敏锐的眼神使口语表达更加生动传神。教师还要善于环视全班，捕捉各方面的反馈信息，表达对每一位学生的关注，用眼神进行教学的组织管理工作。如对认真学习的学生用眼神以示肯定，对思维活跃的学生暗示赞许，对胆怯不敢发言的学生投以鼓励的目光，对违纪的学生则以凝视的目光予以制止等。

常言道，眼睛是心灵的窗口，一个人的眼神是其心理和思维的反映。教师和学生在课堂上的沟通是知识与情感两方面的双向交流。教师在课堂上传授知识时，需要时刻观察学生的反应，教师的目光一扫或注视一下学生，会收到"此时无声胜有声"的功效。学生会从教师的目光中领悟到严厉、信任、肯定、鼓励等信息，并以此来调整自己的听课状态。同样，教师也应通过学生们的眼神、动作、表情等来调整自己的上课状态。在教学过程中,教师要注意和学生眼神交流,同时应常用亲切的目光,注视全班同学,让每一位同学都能感受到教师的关注。

2. 微笑变化

微笑是一个教师乐观、自信、积极向上的心理状态的反映。教师如果经常对学生微笑,会使学生产生乐观、自信、积极向上的心态,这必将大大提高课堂教学的效果。课堂上,学生应能随时从教师的微笑中感受到教师对他们的关心、爱护和理解,从而信任教师,欣然接受教师对他们的教诲。教师的微笑也不能一成不变,微笑应随着教学内容和教学情境而发生变化,如教师在提出问题要求学生思考并回答时,应略带神秘的微笑,既给予学生自信,又激发学生好奇心;当教师强化重点内容时,应带上自信、兴奋的微笑;当与学生产生思维共鸣时,应表现出愉快、高兴的微笑。

(三)外表的合理修饰

外表修饰指教师在教学情境中的服装、发型配饰、美容化妆。它是教师文化修养、知识水平、风度气质与社会地位等信息的外部流露。虽然在大多数的教学情境中,外表修饰不直接传达与教学内容相关的信息,却是影响教学活动和教学效果潜在的、不可忽视的因素。得体端庄的服饰对营造严肃活泼的课堂气氛起着一定的作用。不修边幅、衣着不整、头发杂乱,会给学生留下随心所欲或精神不振的印象。相反,过于刻意地打扮、浓妆艳抹、奇装异服等,会给课堂造成浮躁跳跃、学生注意力不能集中的后果。教师职业特有的外表修饰的审美标准,是时代审美特征与教师职业特征相结合的结果,外表修饰既要符合时代特征,更要与教师职业特征相符。

1. 服饰选配(外表修饰的主要内容)

教师不同的外表修饰会给学生不同的信息感受。教师的服饰仪表要整洁自然、庄重协调、高雅大方,体现教育工作者的风貌和教师职业的特点,既要适合教师本人的体型、年龄,又要适合自身的性格,实现衣着服饰的颜色、样式与自身相匹配,切不可穿奇装异服、过分打扮,当然也不能肮脏邋遢、不修边幅。除此之外,还要重视身体上的饰品,如胸花、胸针、项链、手镯等。

教师的服饰并不只表露了他的情感,而且还可以显示他的智慧。因此,教师的衣着就是其精神世界的外现,能告诉别人自己的生活态度,进而反映出自身气质、文化修养乃至人生态度。教师扮演着特殊的社会角色,一走进教室,着装仪表就已经开始和学生们交流了。

2. 发型选择

教师发型选择要考虑自己的面部特征、体型、文化气质、精神风貌及学校的环境特征。男教师头发宜短不宜长或剃光,女教师的发型以美观大方为宜,不要过于新潮,不留奇异发型,头饰也不要过于复杂和新异。同时,男女教师都不宜染艳发或多种颜色留于头发上,且头发应打理得当,不要给学生不修边幅、肮脏不堪之感,进而影响师生之间的情感交流。

3. 教师妆容

教师妆容应淡雅清爽、洁净自然,且妆容能与服饰、头饰协调配合。通常而言,学生都喜欢漂亮、帅气、干净、有气质、有风度的教师,可见妆容是个不可忽视的问题。古训有云:文质彬彬,然后君子。妆容在现代生活中越来越重要,甚至有人说:这是一个看脸的时代。这并不是说教师必须都要长得丽质非凡,而是说教师也可以凭借适当的化妆修饰、发式造型、着装佩饰等手段,弥补和掩盖自身在容貌、形体等方面的不足,并在视觉上把自身较美的方面展露、衬托和强调出来,使形象得以美化。所以,男教师应经常修面剃须,不蓄新奇的胡须;女教师应适当修饰妆容,但不宜浓妆艳抹。

六、体态语使用注意事项

(一)注意体态语和口语的协调统一

体态语是表情、手势、姿态、服饰等的综合运用。教师所有的体态语动作必须准确、得体、和谐、统一、明了,符合课堂教学环境的要求,只有相互配合才能相得益彰。教师体态语要与有声言语协调一致,在教学中只有以言语为主体辅以体态语才能有好的效果。体态语还应与交流对象相适应,比如对低年级学生应多采用感性、形象性的体态语,而对高年级学生则需要教师以自然大方的人格魅力来吸引学生。

(二)注意让学生明确体态语的含义

体态语不像言语那样规范易懂,其含义较模糊,传递的信息有相当大的不确定性,教师在运用体态语时,要注意力求动作简洁利落、清晰鲜明、目的明确,应尽量让学生充分地、精确地理解其表达的含义。为此,教师平时要了解班上学生的民族民俗习惯、区域间的文化差异,以及年龄特征,避免误会,让学生熟悉自己的体态语习惯。

(三)注意体态语使用的规范性

教师在课堂上使用体态语要繁简适度,根据当时的课堂环境、教学内容、学生的学习状态等使用,不能随意发挥。注意体态语的规范性,如动作幅度、力度和频率应适宜;动作不过于浮夸,自然、生活化即可;还应注意避免一些如提裤子、挠头皮等下意识的动作。

(四)注意纠正不良的无意识体态语

言语大都是经过大脑加工完成后有意识发出的,而体态语往往是在无意识状态下显露出来的,反映了教师真实情感,甚至学生可以从教师的体态语中觉察出某些言语没有传达的信息。因此,教师在课堂教学时应注意不要出现一些不规范甚至是不文明的体态语,比如手蘸唾液翻书、用手擦黑板、用手拍桌打椅、随地吐痰等,对于这些无意识的不良体态语应及时察觉并予以纠正。

(五)注意避免使用消极体态语

部分教师在对学生进行情感教育时,往往双臂抱胸、双手叉腰,摆出一副高高在上的姿态,这无形之中拉大了师生之间的距离,打破了师生平等融洽的关系;也有些教师善于使用体态语言,但以消极体态语居多,如瞪眼、鄙视、双手叉腰、用手指学生、乱扔粉笔等,这些体态语对学生产生的消极影响不可小觑。

总之,教师课堂教学中的体态语作为一种非语言交际工具,在教学中起着特殊的作用,能有效辅助言语增强教学效果。这种具体、形象、生动、直观的教学方式,有助于传授学生知识、增强师生情感、维持课堂秩序、培养学生能力。中学教师在教学活动中,应合理使用体态语技能,既能提升自己的教学水平,又能保证教学效果的完美达成。

第二节　技能训练和操作

一、训练标准

体态语在课堂教学活动中占有不可忽视的重要地位。体态语的有效运用能帮助学生理解和掌握知识,利于教师获得课堂教学信息反馈和控制学生课堂行为,为学生的学习营造一个轻松的心理氛围,激发学生的兴趣,提高课堂教学效率。

课堂体态语技能训练能否实现既定效果可参照如下标准:第一,肢体语言是否能有效配合课堂教学讲解;第二,表情、手势、站姿等是否做到恰如其分,辅助了教学内容的传递;第三,体态语是否提升了学生的学习兴趣和积极性。

二、训练要求

(一)编写课堂体态语教案

教案应涵盖以下内容:教案应包含教师的穿着,配饰,教学过程的表情、手势、站姿等,并根据现场的教学情况预设合适的体态语辅助课堂教学,以达到最佳的教学效果。

(二)课堂体态语实践训练

教师借助微格教学系统,并按照学生强弱搭配的原则,对班级学生进行技能训练分组,指导学生开展小组合作学习。实践训练操作如下:首先,每位师范生在小组内进行体态语训练,并由小组成员对训练内容逐一点评;其次,小组成员在组长的组织下集体讨论推选最优设计,并对最优设计进行完善、试讲;最后,小组推选组员在课堂上呈现最优体态语设计及设计思路,由教师对其进行点评,并提出改进与完善建议和意见。

三、训练的量化评价表

表12-1 课堂体态语设计及设计思路解说评价表

班级_____ 授课人_____ 时间_____

序号	评价标准	分值	A(1.0)	B(0.8)	C(0.6)	D(0.4)	E(0.2)	得分
1	面部表情自然、专注,并随教学过程而变化	10						
2	仪表得体,着装大方,配饰符合教师形象	10						
3	站姿直而不僵硬,头向前方,讲课时挺胸收腹	10						
4	手臂、手指动作得当,无不良动作,不夸张	10						
5	走动范围合理,快慢适中,停留得当	10						
6	微笑面向全体学生,并正确使用目光与学生交流	10						
7	适当运用肢体动作,以引起学生注意	10						
8	体态语之间配合得当,课堂活跃	10						
9	体态语与口头语配合得当	10						
10	体态语提升了学生学习兴趣和积极性	10						
	合计							

评价意见

第十三章　结束技能

本章学习目标：1.说出结束技能概念。
　　　　　　　2.列举结束技能类型。
　　　　　　　3.简述结束技能原则和注意事项。
　　　　　　　4.进行结束技能实践训练。

第一节　认识结束

通常而言，一节40~45分钟的中学课堂大体分为开始之初的新课导入、中间部分的新知识学习和课堂结束时的教学内容总结。每个部分对于教师完成新知识内容的传递，达成既定的教学目标均非常重要。作为课堂教学的结尾，教师对教学内容进行概括和总结，让学生能尽快明白新知识的整体框架，清楚教学内容中的重、难点，当堂消化新知识并发现新知识中自身学习有困难的方面，具有课堂上其他环节不可代替的作用。一个好的课堂结束，能够让学生对课堂教学回味无穷，促使学生情感与认知的进一步升华。因此，教师在课堂教学过程中掌握良好的课堂结束方式具有十分重要的现实意义。

一、概念

对于一堂课而言，下课铃响即结束。教师在下课铃响之前，在新知识的学习结束时应向学生交代整节课的要点，也就是说教师要将学生的注意力引导到一个特定任务或者学习步骤的完成上来。精要的"小结"，完善的"结尾"，犹如画龙点睛之笔，让课堂教学锦上添花。

结束技能指教师结束教学任务的行为方式，即通过归纳总结、实践活动、转化升华等教学活动,对所学的知识和技能进行及时的系统化、巩固和运用,使新知识有效地纳入学生原有的知识结构中。

二、结束技能的作用

教师在课堂教学过程中,如果说引人入胜的导入是教学成功的一半,那么,画龙点睛的结束则会使成功得以巩固、保持。结束,对教师而言是顺利达成教学目标,对学生而言是当堂消化新知识,是课堂上非常重要的一个环节,具体表现在以下几个方面。

(一)重申所学知识的重要性或应注意的要点

一节课,教学知识一般不会仅一个知识点,而是由多个知识点组合而成的一个完整的知识结构,短短的40~45分钟课堂,要求学生理解并当堂消化所学的全部教学内容,难度可想而知。因此,在一节课的教学内容学完后,课堂结束之时,教师对教学内容的重、难点加以强调非常必要。

(二)概括本单元或本节的知识结构,强调重要事实、概念、规律和关键

结束技能除了用于一节课的尾声,还可以用在一个单元内容或一个章节内容的结束。教师对一个单元或章节的教学内容进行总结,强调这些内容的重要事实、概念和规律,概括、比较相关的知识,易于学生形成整体性知识网络,使学生对所学的新知识更加清晰、准确、系统。

(三)提升学生的自主性,自我检测学习效果

教师通常会在课程结束之际,以完成各种类型的练习、实验操作、回答问题、小结、改错和评价等方式,让学生对教学内容学习的效果展开自我检测。这种方式能训练学生动手、自主思维、自我反思等各方面的能力,使学生的各项能力得以提升并更加熟练应用,促进学生智能的发展。

（四）使学生领悟所学内容主题的情感基调，做到情与理的统一

根据学校安排的教学任务和新课改的要求，每一堂中学生物课均应完成既定的教学目标，其中情感目标的达成是其中之一。课堂结束时，教师对课堂结束的合理设计，能使学生领悟所学内容主题的情感基调，做到情与理的统一，并使这些认识、体验转化为指导学生思想、行为的准则。

（五）布置练习题，对所学的知识及时复习、巩固和运用

课堂结束时，教师针对该节课所学的内容，布置相关的课后作业是目前最为常用的方式。这也是教师检验学生对所学知识掌握程度、运用效果的直接的方式，便于教师适当调整自身的教学方式、完善教学设计，形成师与生的良性循环。

因此，课堂教学中，教师对结束技能的熟练运用是每一位中学教师必备的一项不可或缺的教学技能，是中学教师综合教学能力提升的表现之一。

三、结束技能的类型

根据不同教师的教学修养、教学风格、教学习惯，在课堂教学中所应用的课堂结束方式各有千秋，教师设计的结束形式多种多样，但不管何种结束方式，能使教师达成既定的教学目标，学生当堂消化、吸收教学知识就是好的结束方式。针对生物学科，如下几种结束类型目前较为常用。

（一）系统归纳

这种结束方式是指在课堂教学结束时，教师对本堂课的内容重点、知识结构和思想方法进行梳理、概括，从而结束新课的一种结尾形式，也就是总结知识的规律、结构和主线，及时强化重点、明确关键点。

（二）比较异同

生物学科大多数的教学内容中具有一定关联性的概念（如光合作用和呼吸作用、主动运输和被动运输等）。比较异同的结束方式即是将新学概念与原有概念、并列概念、对

立概念、近似的容易混淆的概念,进行分析、比较,找出各自的本质特征或不同点,或者找出它们之间的内在联系或相同点的方式。

(三)集中小结

这种结束方式是指教师在讲解完成一个单元内容(如动物主要类群)后,对不同章节同一事物的特征和变化进行集中归纳小结,从而让学生掌握某一事物的全貌,概括出零散知识的规律的方式。

(四)领悟主题

该结束方式指教师在结束时,围绕课堂上所学新知识,由浅入深地提出与新知识有关的各类问题,学生根据所提问题进行深入思考,顿悟所学内容主题方式。

(五)巩固练习

这种结束方式指教师在结束时,恰当安排学生练习活动,合理安排结束时间分组开展课堂探讨并得出结论的方式。这样,能强化学习成果,反馈教学效果,帮助教师获取调整下节内容教学设计的信息。

四、应用原则

生物课堂中,教师无论采用何种方式结束课堂,最终的目的都是让学生更好地巩固所学新知识,发展思维能力。为实现这一既定目标,在设计课堂教学结束环节时,应遵循如下原则。

(一)新知识讲解结束,要及时小结、巩固

心理学研究表明,记忆是一个不断巩固的过程,由瞬时记忆到短期记忆再到长期记忆,实现转化最基本的手段是及时总结,周期性复习、巩固。因此,在新知识讲解即将结束时,教师应及时总结和复习巩固所学内容。尤其是在讲解那些逻辑性很强的规律性知识和结构很复杂的空间性知识时,及时归纳总结会更为重要。

(二)课堂小结要切合教学实际,要精要,要利于学生回忆、检索、运用

课堂小结的目的是帮助学生当堂消化课堂教学内容,从而利于教师达成既定的教学目标。小结应紧扣教学目的,抓住教学重点和知识结构,针对学生掌握知识的情况,以及课堂教学情境,采用恰当方式总结。总结要精要,能有利于学生回忆、检索和运用。

(三)小结时要深化本章节的重要事实、概念和规律

课堂结束时,教师应概括本单元或本节课的知识结构,并向学生强调重要事实、概念和规律。教师在结束时,对新知识进行精心加工后得出的系统、有效的知识网络,能帮助学生把零散孤立的知识"串联"和"并联"起来,利于学生了解概念、规律的来龙去脉。

(四)要安排适当的学生实践活动

在课堂结束时,教师一定要记住,除了对课堂上所学新知识进行框架式、强调式小结外,还应该留出一点儿时间,根据所学内容为学生适当安排一些教学活动,如课堂练习、课堂回答、课堂讨论、课堂实验等,获取学生学习情况的第一手资料。

(五)课堂结束,包括封闭型和开放型

课堂结束时,教师通常都会将所学内容从头到尾复述一遍,并告知学生这节课的重点部分,强调如何突破难点,这是一种封闭式的结束方式。实际上,教师若能进一步采取开放式的结束方式,鼓励学生继续探索,引导学生继续思考,能有效培养学生丰富的想象力和逻辑严密的分析推理能力。

(六)布置作业,要求明确、数量恰当,结束环节的时间要紧凑

课堂结束时,教师应根据本节课教学情况给学生布置一定数量的家庭作业,且作业目的应该明确,作业量不是越多越好,应根据当天所学内容有针对性地安排相关作业。结束环节时间也应合理安排,教师应掌握好结束的每一个步骤,不要草草了事,也不能拖拖拉拉。

五、结束的注意事项

(一)把握系统,深化内容

课堂小结应概括整节课的知识,但教师要注意小结的概括不是新知识的简单重复,而是教学内容的进一步系统化、整体化。教师精心将新知识融合成系统、简约和有效的知识网络,让学生易于把零散的知识串联成可以理解的知识,形成更完善的知识结构。

(二)紧扣教材,突出重点,突破难点

重点是一节课中最关键的知识,重点知识往往是构成系统知识体系的主要内容;难点是了解知识体系发展过程中的重要环节。教师若能在结束时,抓住重、难点,将利于讲清基本线索,帮助学生理解和把握规律性知识。学生一旦掌握重、难点,其他知识也就迎刃而解了。

(三)启发学生思维,发展学生能力

课堂教学的结束也应注意启发学生的思维,教师应引导学生从感性认识上升到理性认识。因此,教师要善于通过各种结束形式,揭示概念、定理等内容的内涵以及它们的内在联系,形成一个知识系统,找出其规律,从而开拓和发展学生的思维。此外,教师在结束时,还应注意学生各项综合能力的培养,结束环节可以通过引导学生积极思考、动脑、动手解决相关问题,让学生将教学内容应用于平时生活中。

(四)让学生积极参与

教师在新课的结束阶段,还要注意尽量设计学生能参与的实践活动,这是体现学生主体作用的有效途径。教师要及时收集、分析学生参与实践活动后的反馈信息,并给予表扬与鼓励,使学生增加学习信心,增强主体意识和主体能力。

因此,恰到好处的结尾,让教师在教学中事半功倍。课堂教学既要龙头又要凤尾,切忌虎头蛇尾。教师在课堂教学结束时必须根据各课内容特点,结合学生实际情况,设计出最优的结束形式,从而取得最好的教学效果,为一堂好课画上完美的句号。

第二节　结束技能案例及分析

一、系统归纳

总结知识的规律、结构和主线，及时强化重点、明确关键点。如图13-1所示。

(1)教材来源：人教版八年级上册第五单元第一章第五节《两栖动物和爬行动物》。

  1.归纳两栖动物的生殖和发育
   (1)两栖动物的概念：成体(青蛙)排卵和幼体发育必须在水中进行，幼体用鳃呼吸，成体(青蛙)水陆两栖，主要用肺呼吸，皮肤辅助呼吸。
   (2)生殖方式：有性生殖，体外受精，卵生。
   (3)发育方式：变态发育。
   (4)生殖过程：鸣叫→抱对→产卵→体外受精→蝌蚪→幼蛙→成蛙。

图13-1　系统归纳式结束示意图

(2)案例分析：系统归纳是最基本的课堂结束技能，一般运用提纲式的板书展示回顾，主要是对本节课重要知识进行总结，建立知识间的联系，实现堂堂清，让学生对当堂课的知识点有一个清晰的脉络，以便于其后续相关知识的学习。目前，系统归纳式结束课堂是最常规且常用的一种课堂结束方式；同时，在每个单元或每个章节教学内容结束的时候也可用该方式复习回顾。

二、比较异同

将新学概念与原有概念、并列概念、对立概念、近似的容易混淆的概念，进行分析和比较，找出各自的本质特征或不同点，或者找出它们之间的内在联系或相同点。如图13-2所示。

(1)教材来源：人教版七年级上册第二单元第一章第二、三节《植物细胞》和《动物细胞》：动物细胞和植物细胞结构的比较。

结构	动物细胞	植物细胞	相同点	不同点
细胞壁	无	有	都有细胞膜、细胞质、细胞核	植物细胞：有细胞壁、液泡，绿色部分有叶绿体
细胞膜	有	有		
细胞质	有	有		动物细胞：无细胞壁、液泡、叶绿体
细胞核	有	有		

图13-2　比较异同式结束示意图

(2)案例分析:教师在完成相关联知识内容的讲解后,可以用表格呈现相关联知识点间的异同并进行对比总结。尤其在课堂结束时将新学知识融入已学知识当中,逐步完善知识间的内在联系,从而巩固新知,建立所学相关知识间的联系。一般,每个单元内每个章节的教学内容讲解结束后都需要进行知识间的梳理,找出知识内在的联系,逐步完善知识体系,如遗传物质、细胞核、染色体、DNA、基因等概念的比较也可以用这种方法。

三、集中小结

对不同章节同一事物的特征和变化进行集中归纳小结,从而让学生掌握某一事物的全貌,概括出零散知识的规律。

(1)教材来源:

①人教版七年级下册第四单元第二章第一节《食物中的营养物质》。

食物中的营养物质:由于缺含碘的无机盐,导致患上地方性甲状腺肿(又称大脖子病),使儿童的智力和体格发育出现障碍。

②人教版七年级下册第四单元第六章第四节《激素调节》。

激素调节:由于甲状腺激素分泌不足,出现了地方性甲状腺肿(又称大脖子病)症状,这是人体内缺碘导致的,碘是甲状腺激素的重要成分。

(2)案例分析:集中小结主要用于出现在不同章节却又有相互联系的内容,这样的内容零散杂乱,遍布整本教材,不易归纳总结,学生很难完整地理清楚知识间的联系。教师通过对知识点的线条梳理,引导学生归纳出不同章节内容之间的联系,让学生能形成一个完整的知识体系。该过程也利于学生学习知识点整理归纳的方法。

四、领悟主题

围绕课堂上所学的新知识,由浅入深地提出与新知识有关的各类问题,学生根据所提问题进行深入思考,顿悟所学内容主题。

(1)教材来源:人教版八年级上册第五单元第一章第六节《鸟》。

教师课堂讲解教学内容"鸟类的特征"后,针对知识点进行提问:鸟为什么会飞翔?人若有了翅膀是不是也能飞翔?

(2)案例分析:这是促使学生对知识点的学习达到更高要求的一种结束方式。学生必须在记住知识的基础上才能灵活运用知识去解决实际问题。学生只有知道了鸟类的结构以及作用才能更加全面地回答教学知识点衍生的拓展问题。通过此种结束方式,学生实现了知识学习由机械记忆到理解运用。该种结束方式还能强化重难点知识学习。

五、巩固练习

恰当安排学生练习活动,合理安排结束时间分组开展课堂探讨并得出结论,能强化学习成果,反馈教学效果,帮助教师获取调整下节内容教学设计的信息。

(1)教材来源:人教版七年级下册第四单元第二章第一节《食物中的营养物质》。

学生学习了食物中的营养物质,知道了馒头的营养成分,教师可以安排学生课后感受馒头在口腔中的变化,思考咀嚼馒头为什么会感受到甜味。(安排实践活动,为下一节内容《消化和吸收》做课前准备)

(2)案例分析:中学生物课每周课时数较少,学生知识学习间隔时间较长,知识点容易忘记。教师通过安排课后实践活动,不仅能调动学生学习生物的积极性,还悄无声息地布置了下节课的预习任务,为下节课的学习打下良好基础;同时,教师还可以布置课堂练习,以便让学生更好地掌握所学知识。

第三节 技能训练和操作

一、训练标准

课堂教学不仅需要一个良好的开端(导入),也需要一个完美的结局(结课)。从某种意义上来说,结束比导入似乎更重要,因为导入差一些,后面还有挽救和弥补的机会,结束若失败,则很难挽救和弥补。因此,新教师需要掌握结束技能,加强自身结束技能的训练。

结束技能训练能否实现既定效果可参照如下标准:第一,结束的内容是否系统概括了所学的课堂教学知识;第二,结束的时间和活动安排是否合理,并立足于知识点;第三,结束所选的方式能否以学生为中心,达到效果。

二、训练要求

（一）编写结课教案

教案应涵盖以下内容：为什么选择这种结课方法；该方法如何促进学生学习，是否恰当，是否具有课堂可操作性、效果是否凸显；是否立足于学生，以学生为中心；教案是否紧凑、逻辑是否严密。

（二）结课实践训练

教师借助微格教学系统，并按照学生强弱搭配的原则，对班级学生进行技能训练分组，指导学生开展小组合作学习。实践训练操作如下：首先，每位师范生在小组内进行结束训练，并由小组成员对训练内容逐一点评；其次，小组成员在组长的组织下集体讨论推选最优结束设计，并对最优设计进行完善、试讲；最后，小组推选组员在课堂上呈现最优结束设计及设计思路，由教师对其进行点评，并提出改进与完善建议和意见。

三、训练的量化评价表

表13-1　课堂结束设计及设计思路解说评价表

班级_____　　授课人_____　　时间_____

序号	评价标准	分值	A(1.0)	B(0.8)	C(0.6)	D(0.4)	E(0.2)	得分
1	准确概括知识要点，使知识系统化	10						
2	结束的活动（练习、提问等）安排与教学内容相符	10						
3	结束有利于促进学生创造性思维	10						
4	结束时，教师能有效调动学生参与课堂小结的积极性	15						
5	结束语言简明扼要、目的性强	10						
6	结束内容能面向全体学生	10						
7	结束时间掌握紧凑、不拖沓	10						

续表

序号	评价标准	分值	A(1.0)	B(0.8)	C(0.6)	D(0.4)	E(0.2)	得分
8	结束能获得学生有效反馈、能激发学生继续学习的动机	15						
9	结束设计思路解说逻辑清晰	10						
	合计							

评价意见

第十四章　听课与评课技能

本章的学习目标：1. 说出听课、评课的目的。

2. 指出传统听课、评课存在的问题。

3. 列举生物课程听课、评课的要点。

4. 简述合理的教学结构的特点。

5. 详述听课、评课时分别关注的教学方法、教学基本功、教学效果所涉及的方面。

第一节　认识听课与评课

一、概念

听课、评课（以下简称"听评课"）是教师应该掌握的一项教学技能，也是教师对课堂教学进行仔细观察并记录授课教师教学工作的活动。它对提高教师教学水平非常重要。

听课是听课教师到课堂上听取并记录授课教师教学过程的活动。听课对于教师了解和认识课堂有着极其重要的作用，它能为教师认识自己的教学优缺点，学习授课教师的教学长处提供良好的平台，还对教师素质的提高、教学质量的改善有较大帮助。评课是评课教师对授课教师课堂教学过程进行评价的活动，对课堂教学成败得失及其原因做中肯的分析和评估。它是加强教学常规管理，开展教育科研活动，深化课堂教学改革，促进学生发展，推进教师专业水平提高的重要手段。

二、听评课的目的

任何一位教师都应该秉持学习、交流、研讨的心态开展听评课活动。这能让教师在活动中学习到授课教师的优点,提升自身的教学水平,也能发现授课教师的不足,并对照自己加以完善。教师也只有这样才能真正实现听评课活动的最终目的,实现教师、学生双方的共同发展。具体表现在:第一,听评课能促进教师钻研教材、研究教法、探讨课程设计;第二,听评课能促进教师了解教学情况,总结成绩、推广经验、发现问题、纠正错误,有效地进行课程管理和教学质量监控;第三,听评课能促进教师间切磋教学艺术、增强教学能力、提高教学质量,推动教研、教改的进行。总之,听评课是教研活动的重要环节和检测手段,教师若能认真对待每一次的听评课,其教学水平将在短时间内得到质的提升。

三、听评课中存在的问题

随着课程改革的实施、新教材的使用,原来的生物课听评课标准已不能体现新一轮课程改革的理念,不符合生物课程标准的要求。主要表现为以下几个方面。

(一)重"师"轻"生"

以教师的教学行为为听评中心,很少顾及作为学习主体的学生。(如听评中心主要体现在:教学目标是否明确、教学重点是否突出、教学难点如何突破、教材把握是否正确、言语表达是否流畅、教态是否自然、板书是否规范等)

(二)重"教"轻"学"

在听评课中,听评者较多考虑教师教学方法的选择和运用,而对教师是否指导学生采用适宜的学习方法进行学习、学生最终学习效果如何则关注不够。

(三)重"知"轻"能"

在听评课中,听评者过多关注教学内容,关注教师对知识传授的要求(如讲解是否科学,教学内容、容量是否恰当等);而对学生的科学思维或科学探究能力的培养,社会责任的体现等没有具体要求。

(四)重"静"轻"动"

在听评课中,听评者侧重于静态的教学要素(如教学目标、教学内容、教学方法等);而对动态的教学过程(如师生的交往、互动、情感交流,学生的参与、讨论、实验等)涉及很少。

总之,上述以教师为中心的听评课,偏离了教学改革的目标和方向,达不到应有的作用和目的。

四、生物课听评课的要点

教师的教学活动是一项有创造性、可塑性的活动。听评课活动的开展有利于帮助教师吸收借鉴同行的教学思路、教学方法、教学特色,促使教师以最快速度提高自身教学水平。因此,教师学会听评课非常重要,教师听评课时的要点如下。

(一)教学目标

针对教学内容设定的教学目标是每一节课教学活动的方向,教学过程的灵魂,也是教师听评课首要的关注点。

(1)教学目标是否具有科学性和可行性,生命观念、科学探究、社会责任等目标是否具体。

(2)教学目标是否符合课程标准要求,是否符合教材和学生的实际。

(3)教学目标是否体现了培养学生能力的实际需要。

(4)教学目标是否恰当,是否达到以爱国主义为主旋律的德育要求。

(二)教材处理

教材是根据国家下发的课程标准要求所编写,是教师备课的基础。教师要备好课,上好课就必须研究教材,有效把握教材,处理好教材。

(1)教材处理是否与该节课设置的课型相吻合,是否有助于学生对知识的掌握及横向联系。

(2)从重点、难点把握的准确程度,去判断授课者驾驭教材的熟练程度、对学生了解认识的程度,对教材处理是否得当。

(3)教学内容的组织是否符合教材的知识体系,是否符合学生的认识规律;内容深度、广度的处理是否恰当,能否做到博与精的有机结合;能否结合教材和学生的实际对学生认知能力进行较深层次的挖掘;能否体现出严谨的科学态度和治学方法。

(三)教学结构

1.概念

教学结构即课的结构,亦指一节课包括哪些部分,以及各环节、各部分进行的顺序和时间分配等。

2.合理的教学结构的特点

(1)教学思路清晰,具有连贯性和完整性。
(2)教学过程的安排符合学生的认知规律,程序合理,体现学科特点。
(3)教学信息传递迅速,反馈调节机制良好,师生双边活动体现充分。
(4)教学中能随时了解学生的学习情况,对教学结构及时调整。
(5)学生训练内容、步骤安排合理。
(6)时间使用合理,分配得当,利用率高。

(四)教学方法

(1)是否善于运用讲授、讨论、练习、实验等各种教学方法,能否使各种教学方法有效结合。
(2)各种教法是否都能贯穿启发式教学思想。教师是否始终注意调动学生的积极性,培养学生主动进取意识,教师的主导作用和学生的主体作用是否实现有机结合。
(3)是否注意联系实际,体现生物学科的特点。
(4)是否注重学法研究和学生能力的培养,是否注意学生个性的培养,是否做到因材施教。
(5)各种教学手段、教学用具的使用是否合理,是否收到应有的效果。

(五)教学基本功

教学基本功是教师的基本素质,主要体现在以下几个方面:
(1)语言:口齿清晰,语言简练、生动、幽默,语速快慢适中,并能体现生物学科的特点。

(2)板书:提纲挈领,以简代繁,布局合理,重点突出,书写端正、规范,具有整体性、联系性、形象性、合理性;能较好地帮助学生理清思路,启发思维,加深记忆。

(3)演示:课堂实验操作正确、熟练,演示结果明显,有较好的示范作用。

(4)教学组织严密,应变调控能力强,课堂气氛活跃。讲授、讨论、练习、反馈等教学程序都在有效控制中。

(5)具有较强的总结能力。教师对知识的总结,实际是教会学生学习,引导学生在学习中提高概括和总结的能力。

(六)教学效果

教学效果的好坏,是衡量课堂成功与否的标志。在听评课中教学效果如何,可以从教师是否做到了以下几点来进行判断。

(1)是否具有高度的责任感和正确的教学态度。

(2)是否善于根据学生的心理特点创造良好的课堂教学气氛,使学生积极参与课堂教学活动,注意力集中,思想活跃。

(3)是否面向全体学生,注重发展学生的智力和能力。

五、与新课程理念相适应的生物课听评课标准

(一)学生的学习表现

学生是学习的主体,是教学的出发点和归宿。因此,学生的学习表现是生物听评课的核心内容,主要包括以下几个方面。

1.学生的学习方式

(1)自主学习:①能否根据不同学生的个性、特长组织开展合作学习,学生参与的热情、情感体验如何;
②是否形成互相协作、互相帮助、取长补短、共同提高的风尚。

(2)探究学习:①学生是否通过探究问题获取知识,学习有关技能和科学研究的方法,领悟科学的思想和精神;
②探究问题的热情和兴趣如何。

2. 学生的参与程度

课堂教学中学生的主体地位主要是通过学生的参与程度来体现的。

(1)广度：①学生参与的人数是否是大多数，是否涉及学生的各个层面；
②学生是否参与到生物课堂教学的各个环节，时间上是否有保证。

(2)深度：看学生在参与教学中所解决的问题是否为深层次的问题，参与的心态是积极主动还是被动。

3. 学生的学习效果

(1)知识和观念方面：①学生是否掌握了课程标准要求的新知识，是否了解所学知识在生产、生活中的应用；
②有关技能是否得到了有效的训练和提高。

(2)能力获取方面：学生的实验操作能力、信息资料的搜集处理能力、合作交流能力、实践创新能力、科学探究能力等是否得到发展和提高。

(3)情感和社会责任方面：①学生的学习兴趣、自信心和责任心是否进一步提升；
②是否逐步形成各种良好的习惯和科学的价值观，师生间的关系是否更加融洽。

(二)教师的教学行为

1. 教学目标的制订与落实

(1)是否体现了《义务教育生物学课程标准(2022年版)》和《普通高中生物学课程标准(2017年版)》提出的中学阶段"生物核心素养"四方面的要求；

(2)是否利于促进学生自主、全面地发展。

2. 教材内容的处理与转化

(1)是否结合教学特点将教材内容转化为教学内容(因材施教)；

(2)教学内容是否具有挑战性，能否激发学生的求知欲；

(3)教学内容是否注重实践性，密切联系社会和学生生活实际。

3. 学习环境的营造与管理

(1)是否为学生创设良好的学习环境，注重表扬各类学生，营造积极的心理氛围；

(2)是否注意学生自律能力和合作意识的培养。

4.学习方法的指导与训练

能否在教学过程中融入学法指导,设计恰当的学习活动和形成有效的学习方式,使学生在学会的过程中达到会学。

(三)教师的基本素质

1.教学观念

能否运用新的教育教学理论指导教学,能否较好地体现新的课程理念。

2.教学态度

是否尊重和平等对待每一位学生,是否对教学的每一个环节都认真负责。

3.教学基本功

(1)生物专业知识是否扎实;
(2)语言表达是否生动、流畅,富有感染力;
(3)板书设计是否合理,书写是否工整、有条理;实验操作是否熟练、规范。

4.教师的教学技能

(1)是否具有一定的课程资源开发、整合和利用的能力;
(2)能否恰当、熟练地运用现代化教学手段。

总之,与新课程理念相适应的生物课听评课标准将对生物课堂教学改革起到积极的推动作用,将对生物教师的课堂教学起到良好的导向作用。

六、听课、评课注意事项

听评课是教师教学活动的重要组成部分,也是教师业务上相互交流、相互学习的重要途径。听评课的规范化开展,对教师教学水平的提高、教学素养的加强、教学特色的形成都起着重要的作用。通常,听评课时教师都会关注教学环节的设计、教师主导作用和学生主体作用情况、教学实施效果等几个方面。在听评课过程中应注意以下问题。

(一)注意避免听评课流于形式

在听评课活动中,听评课教师对听课意义认识不够,敷衍了事,不认真听、不认真记录、不认真参与。评课时,听评课教师碍于情面,只谈优点、回避问题,或者避重就轻、不谈主要问题、只说次要问题,评课内容不明确、不全面、不具体;评课思路不清晰、不连贯。这种形式的听评课没能实现听评课的根本目的,难以达成预期目标。

(二)注意听评课的全面性

通常,听评课活动,仅局限在一节课内容的评议上,其评价相对于整个学期的教学过程来说不够全面。合理的听评课应结合课程标准和教案,着眼于一学期的教学进度是否如期完成,教学环节是否全部到位、教学互动是否合理等问题。听评课时,听评课教师应对照课程标准和已制订的教学计划评价授课教师的教学过程,注重知识体系的完整性、教学设计的合理性、授课教师教学把握的宏观性。

(三)注意实践课程的听评课要求

听评课的目的是考查教师的教学水平并帮助其提高。鉴于生物学科的课程性质,学生实践教学是生物课程的重要组成部分,在听课环节中经常遇到授课教师在上课时仅要求学生进行实践,鲜少讲课甚至不讲课,这时听课教师难以考查授课教师的教学水平。听评课教师听评课时注意即使是教学实践课,也并不意味整个课堂教师可一言不发,应有的教学环节必须到位,要严格按照人才培养方案来核定。

(四)注意听评课以提高教学水平为前提

听评课教师应注意听评课以提高授课教师的教学水平为中心,要尊重授课教师,并营造轻松愉悦的评课气氛,让教师在评课的过程中学会反思,提高教学水平。听评课时要多发现教师的优点,也应提出其缺点,但应讲究方式方法,让授课教师愿意改进,主动在听评课学习中提高自己,更好地为教育服务;切忌一味批评,让授课教师丧失教学信心。

七、听评课前的准备

(一)态度上的准备

众所周知,态度决定一切。听评课教师严肃认真的态度和高度集中的注意力是听评课的前提。听评课教师应以谦虚的心态去认真学习和认真评价,切忌以高高在上批评挑刺的态度听评课,否则很难发现授课教师的长处,只能看到授课教师表面上微不足道的教学问题,这也将会影响对授课教师的评价,违背了听评课的初衷,难以达到预期目标,还可能造成同行间关系的不和谐。

(二)知识上的准备

听评课教师要想听课时有所收获、评课时发现问题,就必须做一个有心人,要事先了解授课内容,知晓与内容有关的课程标准要求,清楚教学重、难点和关键点,同时换位思考,设想自己将会如何处理教材、如何进行教学设计、如何实施教学等,以便听课评课时游刃有余。若听评课教师听评课时不做准备,匆忙走进教室,懵懂地听评,难以有所收获。

(三)物质上的准备

听评课教师应该携带齐全常规资料,如听课笔记、教科书、参考书、笔等,随时记下点滴感受。

八、授课教师生物课课后记

(一)课后记的意义

课后,教师对教学程序和实施过程中的细节进行回顾、自评(课后记)十分重要。首先,课后记能帮助教师迅速接收反馈信息,找出教学程序及具体教学实施过程中的优点和不足,为调整以后的教学策略提供可靠依据;其次,课后记能使课堂教学不断优化和趋于成熟,提高教师的教学水平和教学效果;最后,课后记能为教师从事教学研究提供丰富的实践和理论素材。

(二)课后记的内容

1. 成功做法

它是将一堂课中达到预想目的、引起教学共鸣的好做法记录下来。(如:巧妙的新课导入;留有悬念的结束语;引起学生思考的课堂提问;合理优美的板书设计;抓住重点、突破难点的教学方法;改进后的演示实验;可以替代的实验材料,实例分析;实验材料的来源和时间等)

2. 失败之处

任何事物都是在肯定否定中不断向前发展,即便是很完美的教学设计,在实施过程中也可能会有疏漏之处,教师应将这些疏漏的地方记录下来。(如:教学安排不妥、重难点处理不当、解题方法欠佳、时间安排不合理、演示实验失败、对学生积极性的调动欠缺等)

3. 课堂教学的应变处

课堂上随着教师教学内容的展开、问题情境的创设,随时可能出现意想不到的偶发事件,此时教师必须做出应变处理。教师课后应对课上的偶发事件和处理方法及时进行记录,以利于今后反思。

4. 课堂教学的灵感处

在课堂教学精力最集中、最投入的高潮处,授课者会偶尔对某一问题、某一内容突发奇想、产生灵感,这是智慧的"闪光点",往往稍纵即逝,很难回忆。历史上许多重大发现都源于灵感。因此,课后记录灵感、评价灵感非常必要。(听课者也不例外)

5. 学生问题

教师在课堂教学反馈中要细心观察,在批改作业中要查漏补缺,及时发现学生在学习过程中遇到的问题(如:知识难点不通、知识联系欠缺、思维障碍、带有共性的做题错误等)并将此记录,以便在下次教学中有针对性地给予指导,也为今后再教该节内容时奠定基础。

6. 设计再教方案

根据以上几个方面的课后记,教师通过总结教学过程中的不足,反思并改进该节课教学内容的设计方案,扬长避短,重新形成符合学生学情,符合教学标准的完整教学方案,力争把自己的教学质量提高到一个新的水平。

第二节　听课与评课技能案例及分析

表14-1　听评课技能要点及分析

听评课技能要点			各要点分析
课程名称：	课程性质：	授课对象：	
听评课项目与观测点			
教学态度	师德师风		考查教师对教学工作岗位的热忱,对教学工作的认真态度,对所教学生的耐心程度
	课前准备		
	课后辅导、作业批改		
教学目标	目标明确,教学单元目标与课堂教学目标一致		听评课的首要关注点,考查教师拟订的三维目标或生物核心素养目标是否合理、科学
教学内容	符合课程标准和教学大纲		考查教师处理教材是否依据课标、大纲;是否考虑到了学生现阶段知识体系和认知水平,教学设计是否合理、恰当并联系学生的生活实际
	符合教学进度安排		
	符合学生认知		
	结合教材选择教学内容		
	教学内容充实、系统、理论联系实际		
教学方法	讲授熟练,重点突出,难易适度		考查教师应用的教学方法是否恰当,讲授过程是否突出重点、突破难点,教学过程是否实现了教与学的互动
	根据教学内容和学生学习情况,采用适当的教学方法和手段		
	教学过程中有互动,善于激发学生学习兴趣,引导学生思考问题		
教学语言与教态	语言表达清晰,具有科学性与学科性		考查教师教学语言的组织和表达水平,课堂体态语的呈现是否利于教学知识的传递
	语音语调适中,铿锵有力,抑扬顿挫		
	教态自然、大方		
课堂管理	时间管理、行为管理、秩序管理、氛围管理		考查教师课堂掌控能力,面对突发事件的随机应变能力

续表

听评课技能要点			各要点分析
课程名称：	课程性质：	授课对象：	
听评课项目与观测点			
教学效果	讲授富有吸引力，课堂氛围良好		考查教师课堂教学是否达成教学目标、完成教学任务
	学生具有较强的学习积极性		
	学生由学会知识转变为会学知识		
综合评价			
意见建议			根据以上几个方面，听课结束后，同行教师提出改进的意见和建议
课后反思			教师根据同行意见建议，反思授课的不足，不断改进
备注			

第三节　技能训练和操作

一、训练标准

听评课是教学常规的重要组成部分，也是教师业务上相互交流、相互学习的重要途径。听评课不仅是新教师快速学习教学技能的一种有效途径，也是入职后向其他老师学习的主要方式，故听课和评课能力是新教师教育素养的重要组成部分。听评课能力从实质上讲是一种课堂教学评价能力。听评课能力的高低，一方面反映了听课教师能否客观公正地评价授课教师的课堂教学质量；另一方面也直接反映了听课教师自己教学能力的高低和教学的价值取向。因此，听评课能力的培养是新教师教学水平提升的重要途径。

听课与评课技能训练能否实现既定效果可参照如下标准：第一，听课过程中，能否发现授课教师教学过程中的不足；第二，能否正确评价授课教师教学内容的传递；第三，能否通过听评课提升自身的教学水平，实现教学能力的提高。

二、训练要求

(一)书写听课与评课课后记

课后记应涵盖以下内容:课堂教学过程中,授课教师出现的教学问题;找到教学问题的原因以及提出解决问题的方式方法;结合自己的教学水平,取长补短;学生对于授课教师教学内容的接受情况。

(二)听课与评课实践训练

教师借助微格教学系统,并按照学生强弱搭配的原则,对班级学生进行技能训练分组,指导学生开展小组合作学习。实践训练操作如下:首先,每位师范生在小组内进行听评课训练,并由小组成员对训练内容逐一点评,每个小组成员根据点评情况完善自己的听课与评课课后记。

三、训练的量化评价表

表14-2 听评课设计及设计思路解说评价表

班级_____ 授课人_____ 时间_____

序号	评价标准	分值	A(1.0)	B(0.8)	C(0.6)	D(0.4)	E(0.2)	得分
1	教学目标确定是否符合教学要求	10						
2	教材处理是否根据教学对象来进行	10						
3	教学中能否体现事物认知的过程(感性—理性—理性抽象—理性具体)	10						
4	教学中能否体现探究问题的过程(情境设置—提出问题—师生互动—解决问题)	10						

续表

序号	评价标准	分值	A(1.0)	B(0.8)	C(0.6)	D(0.4)	E(0.2)	得分
5	课堂互动中能否展现课堂教学的学生主体性、内容科学性、教学流畅性、教师激励性、师生的互动性	10						
6	教学中能否引起学生的浓厚学习兴趣、学习主动性	10						
7	课堂是否活跃,学生思维是否得到启发并自主思考、分析问题	10						
8	教学目标是否达成、教学效果如何	10						
9	学生能否应用所学知识解决现实问题,能否自行评价所学知识的价值	10						
10	教师的教学基本功(板书、教态、语言、操作等)如何	10						
	合计							
评价意见								

第十五章　说课技能

本章学习目标:1.归纳说课的概念、说课要解说的内容。
　　　　　　2.列举说课的特点。
　　　　　　3.指出说课具有高层次性的理由。
　　　　　　4.找出说课与备课、说课与上课的联系及区别。
　　　　　　5.简述说课的功能及意义。
　　　　　　6.进行说课技能实践训练。

第一节　认识说课

"说课"作为一种教学、教研改革的手段,最早由河南省新乡市红旗区教研室于1987年提出。该教研室为了提高教研的效率,达成教研的目的,改变以往的试讲方式,采用由教师对自己的教学进行解说,再由其他教师进行评审,最后教师对教学设计进行优化的方式来进行,就是现在的说课。"说课"起源于教育基层,是为了适应教育教学活动中的现实需求而诞生的,有着基于教学的现实意义。

一、说课的概念

说课指授课教师根据一定的教学理论、教学经验,在备课的基础之上,面对同行、专家或领导,把自己对授课内容的教学意图、结构设计、实施方案等的理解系统而概括地解说,然后由大家进行评说的教研活动。

(一)说课的定位及性质

说课位于备课与上课之间,既是对备课结果的理论驾驭,又是对上课情境的科学预测;既有个人解说,又有群体评说;是一种较高层次的教学研究活动。

(二)说课的组成

说课是由解说和评说两部分组成,解说是由授课教师对授课内容进行解说,评说是由同行、专家对说课内容进行评说,从而促进授课教师的教学水平,也使得同行、专家得到提高。

1. 解说（重点）

(1)表达:以教师口头表达为主。

(2)依据:教育理论、教材。

(3)对象:同行、专家。

(4)目的:在备课与上课之间进行教学研究。

(5)内容:
- 教什么(课程题目);
- 怎样教(授课方式、方法,板书设计,授课程序等);
- 为什么这样教(选择授课方式、方法的原因;理论依据等)。

2. 评说

(1)概念:评说是针对解说所进行的评议、交流和研讨。

(2)特点:
- 讲者得到反馈,可改进、完善自己的教学方案;
- 听者从中进行比较、鉴别、借鉴,得到案例示范和理论滋养。

二、说课的特点

(一)说课具有教研活动的一般性质

通常而言,学校里的每个学科都会定期开展教研活动,它是以促进学生全面发展和教师专业进步为目的,以教师在教学过程中发现的各种具体的教育教学问题为研究对象,教师为研究主体的实践性教学研究活动。说课和教研活动一样具有如下性质。

(1)群众性:由多位教师参与;

(2)交流性:说课者与听课者彼此进行意见交流;

(3)研究性:交流的内容是各自经过一定研究的结果。

（二）从说课内涵看，有鲜明的理论性

"说课"具体而言即教师在备课的基础上、在教学理论的指导下，结合教师、学生实际和教学条件，向其他教师说明本单元或本节课的教学设计及支撑的教学理论。

1.理论是整个说课的灵魂

原因：说课不仅要说出当然"教什么、怎么教"，而且要说出所以然"为什么要教这些、为什么要这样教"。

依据：实际与教育教学原理的结合。

2.理论在备课和说课中的作用

备课：理论是备课所需的依据，同时发挥着潜在性的作用。

说课：使理论走上大雅之堂，走上居高临下的位置，明明朗朗地发挥其指导功能和支撑作用。没有理论，说课便没了分量、没了力度、没了光彩。

（三）从说课表达看，有鲜明的阐发性

说课内容主要是对教案的简单复述、解释，对上课的预测和预演，更突出的是要说出教学理论与教学方案、教学案例的指导关系。说课方式有：说明、证明、阐明，即以备课为前提、以教案为素材，站在一定的理论高度去阐发案中之理、理中之案。

（四）从说课技能看，有鲜明的演讲性

说课是对备课的解说，对上课的演示，其主要靠口头语言的表达呈现给听者，并体现了说者心口相应的协调性和面对同行演说的技巧，因此具有演讲的特点。同时，由于说课面对的是专家、同行，听者和说者教学理论和知识水平相当，说者应尽可能讲得精彩，让听者心悦诚服。

（五）从说课水准看，有鲜明的高层次性

说课的理论性，促使教学研究从经验型向科研型转化，促使教师由教书匠向教育家转化。说课的阐发性，要求教师理论与实际紧密联系，用理论指导实践、说明实践；用实践印证理论、发展理论，使教师向教育理论家靠近。说课的演讲性是教师最基本的教学技能，因而对教学语言及口语表达能力提出了更高的要求。如果一个教师的发言能获得同行的认可或赞赏，那该教师在学生面前的讲解水平一定不会低。

三、说课与备课

说课就是教师口头表述具体课堂的教学设想及其理论根据。从说课的内容和性质来看,它同备课有许多共同之处,但也有其各自的特点。

(一)说课与备课的联系

(1)共同点:围绕同一具体教学课题进行课程、教材、教法的研究,都为设计出科学、合理、实用的教学方案。

(2)联系:①备课是说课的基础,课备得越充分,说课便会越充实越深刻;②说课是备课的延伸与升华,并以更高的层次认识备课的成果,说课还能有效地检测备课质量,推动备课水平不断提高,可视为集体备课的一种形式。

(二)说课与备课的区别

表15-1　说课与备课的区别

项目	备课	说课
研究教材、设计教学过程	个体独立思维活动	教师间的双边、多边思维活动
课堂教学中侧重	教什么、怎么教	教什么、怎么教、为什么这样教
文字内容	讲课的详细教案	演说的讲稿提纲

四、说课与上课

(一)说课与上课的联系

(1)共同点:围绕同一个教学课题,为共同目标——上好课而努力。

(2)联系:

①说课是对教学方案的深入探究与理性阐发,须以上课为归宿,为上好课服务;

②从说课的预演质量水平可预测上课的效果;

③上课是对教学方案的课堂实施;能为说课提供反馈信息,是检验说课质量的客观标准;上课经验的积累是提高说课水平的有利条件。

(二)说课与上课的区别

表15-2　说课与上课的区别

项目	上课	说课
教学过程	做	说
课堂教学效果	完全的现实性	极大的预见性
操作者的对象	学生	教师
评价标准	学生知识、能力、责任的变化	说课者教材处理、教学设计水平

五、说课的意义

说课是基础教育教师必须具备的基本能力,它将促使教师对教学行为做比较完整而深入的分析,并能引发教师从教学理念的高度做更深入的思考。教师说课能力的提高必然促进教师教学水平的提升。师范专业的学生应该从说课开始进入实际的中小学课堂教学。

(一)可以直接促进教师备课水平和上课效率的提高

说课以备课为基础,以上课为归宿,其理论性和科研性必然武装备课、指导上课,使二者的质量和效率同步提高。

(二)增加教师锻炼和表现的机会

说者在同行面前系统阐述自己的教学观点和教学设计后,不仅能从教学中各方面得到同行的指点,还能在同行相互间的讨论过程中构建教学思维模式和提升教学理论水平。而且较大范围地进行说课或组织说课竞赛,还能为教师展现才能提供机会。

(三)长期坚持说课能提高教师的素质

长期坚持说课,必然促使教师广博而深刻地进行理论学习,让教师对理论的应用变得熟练而有效,其业务素质也会得到飞跃式发展。教师由经验型逐渐向理论型和教育家型转变。

（四）有助于培养教师的新风尚

说课可使同行间进行充分的信息交流和教法切磋，形成资源共享、成果共用的好风气，有效培养了同行间团结互助和共同进步的集体主义精神。

六、说课的内容

为了提升课堂教学质量，增进学科教师教学水平和教研水平，大多数学校在开展学科教研活动时，均采用说课的形式，以此促进同行间的交流。同时，各地区教育主管部门也会开展说课方面的竞赛活动。所以，说课包含的内容对于每一位教师都显得尤为重要。说课大致包含：说大纲、说教材、说教法、说学情和学法、说教程五个部分。

（一）说大纲

1. 教学大纲

教学大纲是由国家教育部门颁发的法定性、纲领性教学文件，是对一门课程的性质、功能、任务、内容乃至一般教学方法的最权威最基本的规定，是教学设计与实施最直接最根本的依据。

2. 说大纲的重点及目的

重点说明有关本课堂的教学目标、教学内容及教学操作在教学大纲中的原则性要求，为自己的教学设计寻找有力的依据。

（二）说教材

1. 说教材的意义

教材是课程的载体，是师生教学活动的信息源泉。准确、深刻地理解教材、驾驭教材，合乎实际地处理教材、科学合理地组织教材，是备好课、上好课的关键，也是说课的首要环节。

2. 说教材的要求

教师要说清楚本节教材在本单元甚至本册教材中的地位和作用；说清楚如何依据教材内容（并结合教学大纲和学生情况）来确定一节课的教学目标或任务；说清楚如何精选

教材内容,合理地扩展或加深教材内容;说清楚各个知识点及其相互关系;说清楚如何确定教学重点和教学难点及其教学法意义;说清楚教学内容的内在逻辑顺序和时间安排;说清楚教材处理上值得注意或探讨的问题。

(三)说教法

1.说教法的内涵

从教师的角度来说,主要应说出"怎么教"以及"为什么这样教"的依据;说明用什么方法落实课程理念、实现学习目标,最终将教学方法与课程理念、教学原理、教学原则联系起来。

2.说教法的要求

教师要说出本节课所要采用的最基本或最主要的教法及其所依据的教学原理或原则;要说出本节课所选择的一组教学方法、手段、对它们的优化组合及其依据;要说出教师的教法与学生应采取的学法之间的联系;还要重点说出如何突出重点、分散难点。

(四)说学情和学法

1.说学情

学情即学生现有情况。教师应说出所教学生的认知特点、心理特点,并根据学生特点对学生进行学情分析,即教师要联系本节课的教学方法,说出学生针对本节课的学习已经具备了哪些知识体系、已拥有了哪些能力、在新知识的学习中可能出现哪些困难、教学方法如何有效地与学生认知和心理特点相适应等,为采取相应的教学策略提供可靠依据。

2.说学法

学法指学生的学习方法。针对本节教材特点及教学目的,教师要说出学生宜采用什么学法来学习,这种学法有何特点、如何在课堂上操作,它怎样影响和规范教师的教法,怎样在教学过程中恰到好处地融进学法指导,以实现学生在学会过程中达到会学。

(五)说教程

1.说教程内涵

说教程即说教学流程,它是教师能完成教学目标,学生达成学习目标而经历的一系列的教与学的活动程序、步骤,即教师要说明该节课教学内容的各部分、各环节采取了哪些教学策略,采取这些策略的理由和依据是什么。

2.说教程要求

说教学流程,教师要简要说出教学全过程的总体结构设计,即起始——过程——结束的内容安排,形成完整的课堂结构;还要重点说明教材展开的逻辑顺序、主要环节、过渡衔接及时间安排;说明针对课型特点适宜的教法和学法,不同教学阶段师与生、教与学、讲与练是怎样协调统一的;同时,要对教学过程做出动态性预测,要考虑到可能发生的特殊状况及其调整对策。

总之,这五个部分是说课内容的大致范围和轮廓,说课时不用面面俱到、逐项说来、平均用力,应该突出重点,抓住关键,以便在有限的时间内进行有效陈述。同时,教师要牢记,应该展开的内容充分展开,应该说透的道理尽量说透,这样才能取得良好的说课效果。

七、说课的技术

(一)言语技术

说课的对象是同行、专家,而上课对象是学生,与上课相比,说者的言语具有说课的特点,所用言语具有专业性和科学性,所用的语气、语调除了带有自信,也要带有商榷性。具体要求如下:

(1)要尽可能讲比较流利和标准的普通话;说话语气要既自信又谦逊,用词造句较考究。

(2)讲述中要交替使用几种语言:

①演讲语言:它是一种独白式的单向输出的语言,其逻辑力量能够牢牢吸引听众,让听众紧紧跟随说者的说课思路。

②专业语言:指学科领域的语言(行话),是一套有别于其他学科的概念系统。

③理论语言:指教育教学理论的专门用语,要使用得准确恰当。

④教学语言：指课堂上对学生使用的语言，穿插到说课当中，作为一种典型引用或示范。

⑤沟通语言：与听者心理相呼应的交流性语言或体态语言。

以上语言交替使用并较好地统一才能使说课准确、深刻而生动。

(二)解说技术

所谓的解说技术就是在说课中将自己的课程设计向听者加以说明和解释。

(1)说明，即要说清楚说课内容"是什么"和"怎么样"。

①静态表述：指说清楚说课内容"是什么"。如说教材，就要说清楚它的一般知识点、能力点到底是什么，它的教学重点和难点又是什么。

②动态描述：指说清楚说课内容"怎么样"。如说教法，就要说清楚在教材展开初期怎么对待教学重点，在教材展开过程中又怎样处理等；如说教程，绝不是教学过程的预先复述，它是一种概述，一种夹叙夹议式的论述。

(2)解释，即对说课内容中的事实、定律或观点做出理论说明。

(三)议论技术

所谓议论技术是在说课中既要说清楚教什么、怎么教，还要讲明白为何教这些、这样教，这是说课者应具备的善于议事论理的能力。主要体现在以下3方面：

(1)证明：说者对自己提出的观点或做法能拿出确凿的事实或例子加以佐证，使别人相信你的说法。

(2)阐明：说者对自己所应用的原理或原则，能从其内在的因素及结构关系的阐发中揭示其本质或要义。

(3)辨明：说者能通过比较或对比，将似是而非的事理、容易混淆的概念加以区别，对截然相反的观点加以分析，从而得出比较正确的意见。

八、说课的要求

(一)客观真实，说做一致

说者要从自己实际出发，发挥自己真实水平；对理论要学以致用，用之得当；不盲目攀高、生硬拔高；说到就要做到，能做到的才说到；要保证说课与实际上课高度一致。

（二）突出重点，展开说透

说者要在顾及整体背景和基本方面的前提下，确定并突出本次说课重点，要在有限时间内充分展开，把事理说透；要避免面面俱到，蜻蜓点水，说不清谈不透。

（三）运用理论，提高层次

理论性、高层次是说课的突出特点。说者运用理论，就是要发挥理论的解释现象、解决问题、预测发展、探索规律、判断正误、规范行为、指示方向、改革弊端等功能。说课中理论含量越大，理论水平越高，带来的沟通性和共享性就越强，说课的价值也就越大。

（四）联系实际，言之有据

说者不但要做到运用理论，言之成理；更要做到联系实际，言之有据。再高明的理论脱离了实际（如教师实际、学生实际、学校实际等）也是无用的。

（五）追求新意，给人启迪

说者要在遵循规律和常规的基础上吸收新信息，把握新动向，运用新思维，树立新观念，应用新理论，进行新探索，总结新经验，提出新构想，制订新对策；使说课内容富于启发，给听者带来某种灵感或启示。

（六）灵活多样，注重实效

说课没有一成不变的内容和形式，说者不要被某种框架所束缚，要在体现说课内容的基础上，勇于创造新形式，采用灵活多样的方法进行；只要符合实际、实用、注重实效，就是可取的。

总之，说课绝不是教案的再现或重复，而是以教案为原料再加工再创造的结果。说课要基于教案，也要超出教案。

第二节　说课技能案例及分析

第二章　第一节《基因控制生物的性状》说课稿
人教版《生物学》八年级下册
说课人　付友琼（黔南州说课比赛一等奖）

尊敬的老师，同学们，大家上午好：

今天我说课的内容是人教版《生物学》八年级下册第二章第一节《基因控制生物的性状》。下面我将从教材分析、教学策略、教学程序、板书设计、教学评价这五个方面来展开我今天的说课。

一、教材分析

（一）说教材

1.教材的内容地位及作用

本课时选自人教版《生物学》八年级下册第二章第一节《基因控制生物的性状》，《基因控制生物的性状》是《生物的遗传和变异》一章的第一部分。人们对遗传与变异的认识，最初是从比较亲子代的各种特征开始，然后由表及里逐步深入到基因水平。教学过程首先引导学生认识生物的性状，然后探讨性状的控制。学生学习了这些内容，才能在生物性状遗传和变异的复杂现象中，懂得遗传和变异的实质及规律，既复习了前面所学生殖和发育的知识，又为后面学习遗传的基本规律和生物变异提供了理论基础，在知识的学习上起到承上启下的作用。

2.本节教材知识点

(1)两个主要知识点：遗传和变异的概念、性状和相对性状的区别。

(2)教学重点与难点：

①重点：遗传和变异现象、性状和相对性状的概念。

②难点：性状和相对性状概念。

(二)说教学目标

根据《义务教育生物学课程标准(2022年版)》的要求和学生的实际认知水平,我确定了以下教学目标。

1. 生命观念

(1)能举例说出或辨别遗传、变异、性状、相对性状等现象;
(2)能正确表述遗传、变异、性状、相对性状的概念。

2. 科学思维

(1)课前收集材料、调查性状,具备分析和收集信息的思维能力;
(2)观察、比较、讨论教学资料,提升归纳、总结及语言概括的思维能力。

3. 态度责任

(1)通过课程学习,明确科学与生活紧密相连的观点,提升生物学科素养;
(2)养成从现象到本质的抽象逻辑思维方式,学会自主学习。

二、教学策略

(一)学情分析

对教材内容、教学目标、教学重难点作了分析定位后,为实现因材施教,对学生的情况作如下分析:

八年级的学生在七年级上册已经学习过遗传的物质基础——基因、DNA和染色体,为本章内容的学习打下了一定的基础。学生具有好奇心强、求知欲强、形象思维发达等特点,在平时的生活中对遗传和变异现象可以辨认,却没有理论知识做基础,语言概括能力有限,因此不能对本节课中的现象做出正确的解释。

针对以上分析,为了更好地达成教学目标,故选择了以下的教法、学法。

(二)说教法

在教学活动中,运用直观演示法、多媒体辅助法、活动探究法等多种教学方法和手段,由浅入深,有针对性地层层引导,并通过学生的观察、讨论、活动的有机结合,充分调动学生学习的积极性,从而突出教学重点、突破教学难点,达到轻松掌握本节知识点的目的。同时还可以激发学生的问题意识,帮助学生提高解决问题的能力,发展学生综合科学素养。

(三)说学法

著名教育家叶圣陶曾指出:教是为了达到不需要教。因此,本课时采用自主性和探究性的学习方法,让学生通过图片资料领悟、自主预习、小组合作学习、实验感受等多种途径和方式进行学习,有动有静,有观有听,调动多种感官参与,亲历从观察现象上升到理论水平的探究过程;并利用导学案,为学生营造一个自主学习的环境,使其在轻松的学习氛围中完成学习任务,以引导学生"走出"课堂,"跳出"课本,提升认知水平。

(四)课前准备

(1)课时安排:1课时。
(2)多媒体课件、导学案(课前学生完成课前预习和尝试探究两部分)、教学素材(苹果)。

三、教学程序

本课时的教学过程有六个教学环节,突出重点,突破难点。该六个教学环节如下:

(一)创境引题

利用名人效应:教师展示几组名人图片。用提问"他们有哪些相似之处""有哪些不同之处"导入本章课题——生物的遗传和变异,并得出遗传和变异的概念;并且通过俗语"龙生龙,凤生凤,老鼠生儿会打洞""一母生九子,连母十个样"强调遗传和变异的概念并说明遗传和变异现象在自然界中普遍存在。

目的:从日常的生活现象导入,激发学生兴趣的同时容易引起共鸣,这充分体现了生物学是一门从生活中来到生活中去的科学,让学生既学到了知识又领略了大自然的奥秘。

利用上一章所学知识引入本课时:我们在座的每位同学都是由一个小小的受精卵发育而来,可见遗传和变异是通过生殖和发育实现的,人们对遗传和变异的认识,最初从性状开始,那么性状又是怎样产生的?由此引入本节课题——基因控制生物的性状。

目的:让学生感性认识性状的概念,培养学生从现象到本质的抽象逻辑思维方式,明确科学与生活紧密相连的观点,从而达到学习目的。

(二)引导探究(3个知识点)

1.性状的概念(三个游戏)

(1)我来说你来猜:展示教学素材(苹果),让学生观察其特征并描述,进而引导学生去思考自己喜欢的动物有哪些特征?再延伸到人,同学之间从不熟悉到熟悉,是如何去辨认同班同学的呢?再通过几组书上的图片来归纳总结出性状的第一个方面——形态结构特点。

(2)辨别声音游戏:同学们把眼睛闭上,老师随便找一个同学向你们说声"HELLO",你们能把这名同学的名字说出来吗?再通过一张血型的图片,归纳出性状的第二个方面——生理特性。

(3)双手合抱游戏:展示菜青虫取食行为的图片,归纳出性状的第三个方面——行为方式,归纳出性状的概念。

目的:通过让学生观察常见的实物苹果,总结其特征,知道生物都有各种各样的特征,这些特征在生物学上称之为性状。这种由教师通过游戏逐步引导,最终学生自己总结出所学概念的教学方式,易于学生接纳并参与,也利于学生理解。

2.相对性状的概念及区分

同学展示课前收集的资料(导学案)并进行性状对比,说出对比明显的相貌特征,初步建立起相对性状的概念,并阅读教科书内容回答"导学案"的问题。通过一组茄子的图片和展示课件中人的舌、耳垂、眼睑等的图片归纳出相对性状的概念,并让学生判断几组图片。

目的:关于生物的性状和相对性状的理解,对于八年级的学生而言有一定的难度。通过直观的图片观察和实物的刺激,加之开展的游戏和教师适当的引导,充分调动学生学习积极性,让学生在游戏中把平时所见现象上升到理论认识水平。这样寓教于乐,在课堂上的趣味游戏中获取知识的方式,易于学生接受。

3.基因控制生物的性状

问题提出:父母的许多性状为什么会在我们身上出现呢?父母究竟把什么传递给了后代子女,使得子女与父母在外貌、行为等许多方面有相似之处呢?

教师让学生阅读教科书"转基因鼠的启示"的资料并进行分析,理解生物的性状由基因控制,并让学生分组讨论课本中的问题,完成导学案中的问题。

目的:进一步提高学生对遗传和变异现象的认识,同时充分体现课堂教学是以学生为主体的教学新理念。

(三)知识拓展

问题提出:什么是转基因生物?通过几组转基因生物的图片让学生对转基因生物有初步的认识。

目的:透过现象找到对应的理论知识,对于八年级的学生存在一定的难度,但可以让学生在思考中经历一个再认识的深化过程,从而全面深刻地掌握知识,并过渡到能力形成。

(四)知识迁移

通过展示萝卜的图片,观察萝卜地下部分和地上部分颜色的差异,让学生认识到性状不仅受基因控制,而且还会受到环境的影响,从而扩展性状的知识,培养学生从多方面、多视角去看待事物并通过观察事物的现象去认识事物本质的能力。

(五)总结升华

全面理解内容,形成知识网络。

(六)训练提升

通过题目的训练,让学生进一步巩固新知。

四、板书设计

第一节　基因控制生物的性状

一、生物的性状

　　（一）形态结构

　　（二）生理特征

　　（三）行为方式

二、相对性状

　　定义：同种生物同一性状的不同表现形式。

板书目的：使本节课的教学内容脉络清晰，也让学生能够进一步加深对本课时知识点的理解。

五、教学评价

本课时使用"导学案"是为了让学生自主学习，让学生成为课堂的主角，课堂教学过程中采用的小游戏，利于激发学生的兴趣，让学生主动地走入课堂。

第三节　技能训练和操作

一、训练标准

说课作为一种教学、教研改革的手段，是新教师技能训练的重要环节，是指导新教师提升教学能力的实践过程。在新课程改革的锤炼中，说课注入了新的内容和活力，成为提高教师素质，培养造就研究型、学者型青年教师的最好途径之一。新教师为了将来职业的发展和尽快提高教学能力必须掌握说课的理论和方法，清楚说课的主要内容与基本环节。

说课技能训练能否实现既定效果可参照如下标准：第一，说课内容是否系统概括了教学过程的各个方面；第二，说课内容是否有教学理论的支撑，教学设计的理据是否充分；第三，说课内容是否立足于学生，是否有效传递了教学知识。

二、训练要求

(一)编写说课教案

教案应涵盖以下内容:说课包含的内容全面、说课理据充分;说课的理论支撑合理,说清楚了教学过程;说清楚教学设计缘由;教案紧凑、逻辑严密。

(二)说课实践训练

教师借助微格教学系统,并按照学生强弱搭配的原则,对班级学生进行技能训练分组,指导学生开展小组合作学习。实践训练操作如下:首先,每位师范生在小组内进行说课训练,并由小组成员对训练内容逐一点评;其次,小组成员在组长的组织下集体讨论推选最优说课设计,并对最优设计进行完善、试讲;最后,小组推选组员在课堂上呈现最优说课设计及设计思路,由教师对教案进行点评,并提出改进与完善建议和意见。

三、训练的量化评价表

表15-3 说课设计及设计思路解说评价表

班级_____ 授课人_____ 时间_____

序号	评价标准	分值	A(1.0)	B(0.8)	C(0.6)	D(0.4)	E(0.2)	得分
1	说课目的明确、与教学内容紧密联系	10						
2	教学设计水平(体现课改理念、有创新性)	10						
3	教育理论的结合水平(恰当、准确)	10						
4	说课内容(完整、清晰、重点突出)	15						
5	效率水平(用时合理及接收信息顺畅)	10						
6	语言表达(流畅、逻辑性强、富有激情等)	10						

续表

序号	评价标准	分值	A(1.0)	B(0.8)	C(0.6)	D(0.4)	E(0.2)	得分
7	说课姿态自然、大方，信心十足	10						
8	说课思路清晰，内容分析简明，有理有据有节	15						
9	说课设计思路解说逻辑清晰	10						
	合计							
评价意见								

第十六章　班主任工作日常管理

本章学习目标：1. 熟知班主任的主要工作职责。
　　　　　　　2. 掌握班主任对班级进行日常管理的方式。
　　　　　　　3. 达到新课改背景下对班主任责任心提出的要求。
　　　　　　　4. 开展班主任工作训练。

第一节　班主任工作

班主任是班级和学生的组织者、领导者和教育者，是联系学校与学生的纽带，沟通家庭和社会的桥梁。在学校统领下，班主任肩负着全面管理和教育学生的责任。规范班主任工作管理，明确班主任工作职责，促进班级工作开展，建立良好的班风、校风，是一所中学办好教育的首要任务。班主任是学校中负责班级学生的思想德育、纪律、考勤、集体活动等的教师。德育：狭义仅指道德教育；广义指思想教育、政治教育、道德教育、心理健康教育。

中学班主任是中学教师队伍的重要组成部分，是班级工作的组织者、班集体建设的指导者、中学生健康成长的引领者，是中学思想道德教育的骨干，是沟通家长和社区的桥梁，是实施素质教育的重要力量。中学班主任工作是学校教育中极其重要的育人工作，既是一门科学，也是一门艺术。在普遍要求全体教师都要努力承担育人工作的情况下，班主任的责任更重，要求更高。做班主任和授课一样都是中学教师的重要工作，班主任队伍建设与任课教师队伍建设同等重要。加强中学班主任工作，对贯彻党的教育方针，全面推进素质教育，把加强和改进未成年人思想道德建设的各项任务落在实处，具有十分重要的意义。

一、班主任的任职条件

(1)忠诚党的教育事业,具有无私奉献精神,关心和热爱学生。

(2)热爱学生管理工作,对工作具有强烈的责任感和事业心。

(3)能服从领导,严格按职责范围要求进行工作。

(4)身心健康,品行端正,作风正派。

(5)不断学习相关教育法规:如《新时代公民道德建设实施纲要》《中华人民共和国教育法》《学生伤害事故处理办法》。

(6)有丰富的学生管理经验。

二、班主任的工作职责

(1)积极贯彻党的教育方针、政策,配合学校,教育学生严格遵守国家的法律法规和学校的各项规章制度。

(2)教育学生养成良好的生活习惯,着装整洁,文明交友;教育和督导学生爱护校园环境,爱护公共财物。

(3)教育学生树立正确的学习目的,指导学生的学习方法,协助教务部门解决教学中存在的问题。

(4)严格要求学生、尊重学生,及时发现问题、处理问题和反映问题,关心学生生活和身心健康。

(5)组织学生参加学校举办的各项集体活动、社会团体活动和公益活动;指导班级开展丰富的文体活动;积极开展第二课堂,引导学生组织各种兴趣小组;指导学生课外活动,以提高学生的综合素质。

(6)组织班委和团支部建设。指导和督促班委的日常管理工作,每周召开一次班委会。指导班级团支部工作,每两周召开一次支委会,充分发挥班委和团支部的骨干作用。

(7)每周日组织召开班务会,讨论、讲评及解决班级有关学习、生活、纪律、思想品德等方面的问题,对违纪的同学及时进行批评教育,把不良现象消灭在萌芽状态。

(8)负责学生的操行评定,并且组织操行评语,负责班级各项评优工作,负责奖学金和助学金评定及学生困难补助工作。

(9)按学校要求做好班费的收缴和开支管理工作。班主任组织学生干部在学校规定的限额内收缴费用。在班费开支中,班主任负责指导班费的使用,并予以审批。组织学生干部做好班费收支的账目管理,做到账目和钱分开管理,且按时上报班费使用的学期报表。

(10)服从学生科的各项管理,在规定时间准时到学生科签到,有事办理请假手续(原则上不请假),病假办理手续时应出具相关证明(或后补),请假前后交接好班级工作,并临时委托其他班主任代管。

(11)准时参加学生科组织的各种会议,及时传达会议精神和汇报班级工作。

(12)制订班主任学期计划,按要求及时提交班主任总结,认真填写班主任工作记录和班级工作记录。

(13)按学生科要求,做好新生的入校安排及毕业生离校的各项工作,做好各学期开学和放假的各项工作。

(14)协助保卫科,做好学生安全工作。

(15)协助总务科,做好学生各项后勤工作。

(16)及时与任课教师、学生家长建立联系,共同做好学生的教育工作。

三、班主任的具体工作

学期初制订班主任工作计划。班主任工作计划是班主任对班级工作的一种设想与工作思路。班集体是学校教育教学的基本单位,是学生学习、生活的主要场所。班级教育教学计划的制订直接影响学校的办学水平。班主任是全面负责一个班学生教育管理工作的教师,是学生健康成长的引路人,是学校进行教导工作的助手和骨干力量。班级计划的制订与执行直接影响着学校的管理秩序。

(一)新生开学工作

(1)到学生科领取新生报名有关表格、班主任工作手册、学生手册、学生学籍卡、学生证、班主任记录本、班级日志及其他办公用品等,学习有关管理制度,经宿舍管理员到总务科接收本班教室、寝室,编排好本班具体床位,并签订财产交接单。

(2)办理新生报名手续,严格按报名表格要求填写,收集相关报名材料(包括团员档案),负责接待本班学生家属和做好本班学生家属的一切解释工作。(不清楚的可以咨询学生科老师,不要随便回答)

(3)新生报到第一天晚上,认真准备,召开第一个班会,介绍作息时间、入学教育安排及强调有关注意事项。(必须备好课,写好要点,新班主任写详细些)

(4)入校第一周,按学生科和保卫科的安排,负责组织入学教育和学生军训。

(5)入学第二周组建临时班委会和团支部(试用期一个月),其中指定两名正班长,可采用轮流负责制,召开第一个班委会,组织学习相关学生干部的工作制度,明确具体工作分工,强调干部纪律和职责,指导详细的工作方法,指导团支部工作,试用期结束后,采用民主集中制的方法选举产生正式班委会和团支部干部,报学生科建档。

(6)第三周按学生科要求,布置美化教室和寝室。包括教室黑板报、班规栏、学习栏、操行分栏、公布栏;寝室值日安排栏。除此之外,禁止其他任何布置,保持墙面永久卫生。

(7)新生军训期间,按学生科的统一安排,协助医院做好新生的体检工作。

(8)一个月后,按班主任日常工作进行。包括学生会的组建、学生军训、广播操的训练学习、组织班级各项兴趣小组和推荐小组优秀成员参加校团委组织的各种社会团体等。

(二)老生开学工作

(1)到学生科领取班主任记录本、班级日志及办公用品等,会同总务人员验收教室、寝室的公共财物,签订财物验收单,组织打扫卫生。

(2)报到第一天晚自习由学生科清点各班到校人数,由班主任负责了解本班学生未按时到校的原因,凡超过一天还未到校者,要与家长取得联系,并负责汇报。

(3)第一天晚自习点名后,发放教材,收集学生成绩单及假期学生活动总结,召开班会和班委会,做好学生收心工作,收集学生证统一到学生科办理注册手续。

(4)开学两周内,在班级公布上学期学生期末成绩及评优情况(包括奖学金的评比),并按要求填报学生奖学金申报表报学生科。按教务科的时间组织学生参加补考。

(5)开学两周后按日常工作进行。

(三)班主任日常工作

(1)负责班级学生的日常行为管理工作,负责班级各板块的考核管理工作。

(2)每周日晚自习参加由学生科组织召开的班主任会,由值周人员及保卫科有关人员通报上一周各班的综合情况,研讨问题的处理办法,安排下一周的工作等。

(3)周日班主任会后,由班主任到本班召开班会,认真传达学校、科室和班主任会的有关精神,通报会议情况,解决处理本班学生上周出现的问题,安排落实下一周的具体工作等。

(4)每周召开班委会一次,研讨管理方法,处理班级问题,落实具体工作等;每月组织团组织生活两次和第二课堂两次,根据团委安排开展各项工作。

(5)协助学生科和财务科,做好学生各类资助的资料收集、审核和发放工作。

(6)严格按学校考勤制度,认真执行学生请假、销假制度,随时掌握学生的去向情况,认真、正确处理本班的违纪情况,并及时上报学生科。

(7)组织本班学生参加学校组织的各项文体活动、各类竞赛活动、各种讲座及社会团体活动,带领本班学生参加学校的学生大会,维护好本班的纪律。

(8)根据德育实践轮转表,协助学生科老师,组织好本班同学参加德育实践课,并每天进行检查、督促和处理。

(9)按职责要求管理班费的收缴和支出,负责指导班费的使用。每月公布班费的收支情况,每学期上报学生科审查一次班费的收支情况。

(10)协助学生科有关管理老师工作,每天及时了解本班的具体情况,积极处理解决。

(11)每周必须下学生寝室1次,检查寝室卫生情况,关心学生生活,解决困难和问题,与学生零距离沟通思想,同时进行相关的心理咨询。

(12)组织好每个学期期中、期末考试,每个学期期中考试后两周内和期末考试后下一个学期开学两周内,各班主任必须进行班级总结,评定学生奖学金。每月最后一周内,各班主任必须向学生科提交班级日志,推荐各方面表现突出的学生,由学生科组织召开总结大会进行表彰。

(13)根据学生科要求,组织好每月一次的升旗仪式。

(14)认真完成学生科布置的临时性工作。

(15)会同保卫科全面管理学生安全工作,新生入学组织学生及家长签订安全责任告知书。

(17)参加学校每年召开一次的班主任研讨会。

(18)完成班级和班主任各类资料的填报工作。

(19)知晓学生休学、退学、留级、不假离校及自动流失的规定。

(四)学期结束工作

(1)参加由学生科召开的放假前班主任例会,落实会议精神,并组织学生参加由学校召开的放假前学生大会,根据各班实际情况,布置放假前事宜。

(2)学期结束前,会同宿舍管理员和学校总务科人员清点教室、寝室财产,并做好登记后移交总务科。

(3)组织好本班期终考试的考试纪律,强调假期安全,布置假期活动,强调学生注意回家旅途安全,禁止学生擅自外出游玩。组织学生进行离校前最后一次教室、寝室卫生打扫工作。

(4)请假及节假日放假时,学生离校必须按学校规定,履行完整的请假手续。

四、新课程改革背景下的班主任工作

班主任工作是学校教育的核心。在新课程改革背景下,班级教育如何体现新的教育要求,走进学生的心灵,提高教育的实效性;班级管理怎样进行模式创新,适应行政班、教学班、必修课、选修课等新的教学变化是班主任需要考虑的问题。班级管理没有现成路可循,也没有捷径可走,是一项需要长期探索的工作。

(一)新课程改革背景下班主任工作面临的挑战

(1)新课程方案构筑了由学习领域、科目和模块组成的三层次的课程体系以及与之相配套的学期、学段、学时的时间支撑体系,使学生在学习内容、学习时间以及学习方法上有了广阔的选择空间。这样,班主任要了解本班学生的选课情况、走课情况、时间利用情况和学习任务完成情况,就要有一套全班每个学生走班制的课表,就要知道每个时段哪些学生在哪儿上课、上什么课。班主任面对随时发生的各种各样的情况,要随时解决问题,支持学生的学习。

(2)新课程注重的是学习过程的评价,使学生在学习过程中体验所学知识的形成过程以及怎样理解知识和应用知识。与过去只重视对学生进行终结性评价相比,新课程体系下既要考虑对学生的终结性评价又要重视对学生的过程性评价,并且过程性评价要及时准确。学段初期的选课、学生个性化课表的形成、学段末的总结和学分的授予工作等,也需要班主任及时做大量、细致准确的工作。

(3)新课程理念是使学生全面而有个性地发展。班主任要认真研究每一个学生,发现每一个学生的特长和优点,以便于指导学生认识自己、发展自己;指导学生确定自己的发展方向,选择有利于自己发展的学习课程。班主任要随时甄别学生的学习状态、行为习惯和思想动态,对有利于学生发展的方面要鼓励和支持,对不利于学生发展的习惯和行为要及时指导改正。

(4)社会实践活动作为八个学习领域之一,学时多、学分重,是课程改革的亮点所在,学校特别重视。社会实践、研究性学习、社区活动课程要求学生以坚忍不拔的毅力、科学有效的方法,主动、积极的态度参与学习,在活动过程中形成学会学习、学会合作、学会做人、学会做事的积极向上的人生观、价值观和学习态度。班主任工作更需要创新,要打破传统的班主任管理模式,面对随时发生的情况,及时有效地进行工作。

班主任管理要适应课程改革的需要,使班级管理有序进行,在班级管理中更新理念、积累经验,在实践中不断地探索、反思、总结。

(二)新课程改革背景下班主任工作的具体做法

1.在班级组建、班级常规管理、班级文化形成中促进学生自主管理

新课程改革的出发点是保障每一个学生与生俱来的"发展权",求得每位学生充分的、自由的、多元的、和谐的发展,要求班主任由班级的"控制者"转变成班级的"共同参与者"。在这种要求下,班主任首先要成为班级中的一员,并与学生平等相处,只有这样才能营造出适合学生发展的、宽松的班级环境。以学生为主体的管理是以尊重学生、相信学生为基础,用人性化的方法去疏通、理顺一个内部组织,重在"理",而不是"管"。学生自主管理班级。班主任在班级管理中应该转其"管"变成"理",做班级管理的"疏导者"。班主任的作用不再是直接去管,而是间接去调控、去完善。班主任对学生的教育,应该体现由管到导,再到唤起学生的主体意识,即当学生能自己认识自己、教育自己、改进自己的时候就可以说是某种意义上的成功了。学生的自主管理与自我管理结合将是班级管理的最高境界,把班级管理交给学生,班主任退居幕后,只是在旁协助。

2.精心关爱学生,优质服务学生

作为一名称职的班主任,所考虑的并不是学生对自己的感觉,而是如何关爱学生,为学生尽心尽力,尽到为人师的责任。没有交流,就没有教育,就没有感悟,就没有情感。

班主任与学生始终是平等的交流者,是探究真诚的合作者,同时班主任还是学生心

灵的呵护者。班主任对学生真心的关爱，让学生在切身感受中体会到自己是可信赖的人，从而愿意将自己遇到的问题、碰到的困难、心中的不快甚至忧虑向自己倾诉，这就能及时地了解情况，解决问题，搞好整个班级的管理。与学生沟通的原则：不讲大道理、不居高临下地训斥，多观察、少批评，宽容信任，莫算老账，一旦发现问题就要点到要害，教育要与时俱进，教育内容、方式要与时代紧密相连。

做好班主任工作，教师需要做到知己知彼，对整个班级的学生的个性、学习成绩都应该了如指掌，根据每个学生的实际情况，帮助他们确定各自的奋斗目标；引导学生规划蓝图，制订阶段性目标和具体措施，并根据措施逐一实现目标。班主任要经常督促、指导，帮助他们改进学习方法，落实并完成目标。每周一小结，每月一总结，每学期一大结，反思总结，及时发现问题，及时解决。

3. 在新课程实施过程中，使学生主动全面发展，推动班级管理

从学生全面发展的需要出发，通过建设学生综合实践基地，开展丰富多彩的实践活动和研究性学习，引导学生在实践中经风雨，见世面，长才干，从而更快地成熟起来。

利用假期，以学生家庭所在社区为服务地点，以参与打扫卫生、法制宣传、帮助残疾人等十多项服务为内容，开展不少于1个工作日的社区服务，培养学生的爱心、耐心，并根据社区服务登记表中的记录赋予学分。

研究性学习能够培养学生的创新能力，丰富学生的学习生活，为学生的综合实践活动提供更为广阔的天地。

4. 综合素质评价推动班级管理

新课改的目的是培养学生的综合素质，如何准确、公平与公正评价是新课改的一大难点。确保班主任准确、公平与公正评价的可操作与可行性，能有效促进学生的健康发展，从而推动班级的有效管理。班主任可以以学生在班级内进行具体活动作为切入口来评价其综合素质，如建立学生的"成长记录档案袋"，以强化学生自我评价、自我反省能力，班主任作为学生"成长记录档案袋"建立过程的导师，对学生进行引导和培训，并通过"成长记录档案袋"的展评，促进学生全面发展，以推动班级管理工作。

五、扩展阅读：班主任工作计划

(一)阅读1

××××学年×××班班主任工作计划

一、指导思想

以"学会做人"为核心，以磨炼学生的意志、提高学生的文明程度、激励学生树立远大的理想、培养学生的健全人格为中心，促进学生学习和文明习惯的养成，抓好常规管理，使班级在班风、学风上形成稳定向上的状态。

二、班情分析

全班现有学生43人，其中男生25名，女生18名。从总体情况看，女生在学习习惯和行为规范的养成上已经基本稳定，男生中将近三分之二的学生在行为习惯上还存在着种种问题，良好学习习惯还有待养成。本学期我将重点从身边的问题抓起，教会他们明辨是非、自我控制，养成良好的习惯。

三、工作目标

全身心投入、全方位跟进，加强对班级的科学管理，注意学生自治能力的培养；做好学生心理疏导，树立好的榜样，不断培养学生良好的学习习惯，引导学生运用恰当的学习方法，努力提高学习成绩；开展形式多样的教育活动，使学生在活动中受到启迪。

四、具体措施

(一)做好学生的思想工作，帮助学生运用恰当的方法学会学习

作为班主任，首先就是了解每一个学生的性格特点，然后采取相应的思想教育方法，多跟进，多谈心，及时解除他们思想上的问题，和风细雨，润物无声，让每一个学生积极地面对生活、面对学习。为克服学生在学习上过分依赖老师的心理，尽快教会学生积极主动地学习，本学期，我将分期分批主办学习方法讲座和论坛，请一些学习独立性强，有较好学习方法的同学现身说法，并且把搜集来的一些好的学习方法传授给他们，使同学们学会学习，学会自我发展。

(二)强化学生的养成教育和立志教育

注意各方面的养成教育，使学生养成良好的学习习惯和生活习惯。具体措施有：

1.组织学生认真学习中学生日常行为规范，并以此来规范学生的行为。完善管理制度，对每天班级各方面情况实行会诊，建立值日班长制度，每天一小结，每周一总结，及时鼓励先进，鞭策落后。

2.开展各类主题班会,强化学生的理想教育和立志教育,激励学生树立远大的理想,并为之努力学习,不断提高自己。

3.调整和强化班干部队伍建设,使班干部真正成为班级管理的主力军。

4.定期表彰班级的各类先进,弘扬班级正气。每月民主评议出班级的"明星队员",表扬先进,使他们成为班级同学学习的榜样。

5.营造班级文化环境,做到文化育人。

(三)家校联手,共同帮助学生成长。

借助家长的力量,共同帮助学生成长。首先,班级各科老师要经常互通信息,协调立场,用统一的标准去要求和教育每一位学生,避免因为标准不统一而造成学生思想上的混乱。其次,班主任与家长及时沟通学生在校情况,了解学生在家里的学习生活常态,并采取相应的教育教学策略,帮助学生在身心两方面都能够较为顺利地成长。

(二)阅读2

新学期班主任工作计划与措施

寒假已经结束,新学期即将开始,学校的各项教学工作已陆续正常运行。在本学期我继续担任初一(4)班班主任一职。作为一个新手班主任,同时作为一名正在成长的新教师,我要学的还有很多,当班主任和当任课教师有很大的区别,班主任要时时刻刻走在学生的旁边,照顾他们的学习、生活、思想,这是一个很烦琐的任务。我深切地认识到了我的责任和义务,要工作好的话,必须要制订好班主任工作计划。

一、班级基本情况

我班有学生47人,学生上学期刚入学,对于学校的校纪校规了解不足,无法很好地遵守学校纪律,这学期在这方面一定要加强教育和管理。一定要树立良好的班风,把学生培养成有理想、有道德、有文化、有纪律的一代新人。从上学期期末考试情况来分析,班级整体各科平均成绩在整个年级偏低,过差率较高,学生成绩两极分化情况严重。为了本学期能顺利开展各项工作,根据学生的实际情况,我的主要工作是围绕端正班风、学风,全面提升我班各科成绩为重点展开。

二、工作措施

(一)全面配合学校工作,加快自身发展

我将遵照学校德育工作要求,确立健康的自我意识,自觉抵制不良行为思想的诱惑,开展多种适合学生特点的教育活动,促使他们健康成长。坚持以师生的可持续发展为本,落实道德建设纲要,系统科学地开展生命教育,提升人文素养,进一步落实弘扬民族精神教育。配合学校开展各项活动,利用学校提供的各种德育资源,实现德育工作与教学工作相结合,行为规范和自主管理相结合,以期不断完善学生人格。

(二)加强班风学风建设,树立良好的学习风气

1.强调每周写周记,既能及时了解学生的思想动态,又能锻炼学生的写作能力。周记坚持每周必改。

2.开学第一周即着手重新组建新一届班委,具体做法是:先列出各班干部的职责分工,再由每个同学写出竞岗申请,一个职位有多个竞选人员的再用公平投票的办法产生,半学期后再次竞选,力求让每位同学都有机会参与到班级管理工作中,充分发挥学生的积极主动性,在班级管理日渐走向正轨后,还可以选出值日班长,协助班干部的工作。班级日常事务均由班干部负责安排及监督完成,班主任只做指导,班干部做到人人有责负,天天有事做。这样从班干部的集体意识、管理能力培养起,以班干部的行为带动全体同学。

3.坚持每周一次主题班会,让学生在活动中提高思想认识,树立积极主动的探索精神。

4.利用第一周的班会和开学教育的时间,组织学生学习《中小学生守则(2015年修订)》《中学生日常行为规范(修订)》等各种规章制度。一定要强化安全意识,做好安全教育,确保一学期无安全事故发生。

5.由班干部参与修改并制定切实可行的班规和舍规,并利用班会时间组织学生学习,使制度深入人心,以制度约束人。

6.常抓学生的思想工作,积极寻求家长的配合,坚持每周找两个以上的同学谈心,一学期做到每个学生至少谈心一次;利用一切可利用的机会跟家长取得联系,争取家长的配合,共同做好班级的转化工作,尤其是双困生的转化工作。

7.积极组织学生参加学校组织的各项活动,在活动中培养学生的集体意识,陶冶学生的情操,另外本学期班上还要举行一些活动,如小型演讲比赛、文艺晚会、话剧表演等。

(三)加强各学科教师的协调,全面提高各学科成绩

协调好各科之间的关系,使各学科教师能够各尽其能,做好学生的辅导与教学工作,各门学科都能均衡发展,全面提高学生的各科成绩。

新学期我的任务很重,要在不断的学习过程中带好班级的每一名学生,这是最重要的。怎么才能体现班主任的价值呢?就是在不断学习的过程中,将学生的学习、生活、思

想带好,做到这一切的班主任就是一个好的班主任。我知道自己还存在着很多的不足之处,这需要我不停地改正自己的缺点和修正自己的观念,在教授学生的过程当中,不断提高自己。以后的我要实现学校、班级和个人的和谐,我相信在我的带领下班级一定会变成一个优秀的班集体。

第二节 班主任日常管理

一、早读前:查出勤、查作业、看仪容、督卫生

(1)早读前,检查学生到校情况,发现迟到或缺席的学生要及时主动询问有关情况;对迟到者要批评教育,对缺席者及时与家长取得联系,把好请假关。

(2)班主任每次走进教室,都要对教室的环境、卫生、桌椅摆放(横、竖、斜三条线)等进行检查。检查班级及包干区卫生情况,确保教室地面和包干区干净、桌椅整洁、卫生工具摆放整齐;对没打扫的区域及时督促整改;及时纠正乱丢废弃物,污损桌面、墙面等问题。

(3)要求课代表在早读之前将作业交到任课教师的办公室,并把每次缺交作业的同学名单报任课教师和班主任。要经常与科任老师联系,了解学生作业完成情况(是否按时、按质、按量完成),对不交作业的学生要及时联系家长。发现抄袭作业的、不做作业的、冒家长签名的要了解原因,妥善处理,但不要情绪过激,通知到、督促到、要求到、教育到,让家长感受到我们的良苦用心。

(4)检查发型、衣着、首饰以及佩戴团徽的情况,对留不符合学校规定的发型和穿不符合规定衣服的学生立即进行批评、教育,限定时间整改。及时发现学生心理、生理上的微妙变化。关注学生的情绪变化,精神风貌是一天工作的大事,我们在这一点上千万不能掉以轻心。

(5)督促学生认真读书,协助任课老师抓好课堂纪律,提高早读效率。

二、上课前:抓预备、常巡视、提效率

(1)指导、督促学生做好课前准备。(要求:预备铃一响就归位,准备课本和文具,安静等待老师上课)

(2)教育学生遵守课堂纪律,认真做好笔记,提高听课效率;要求学生养成安静上好自习课的好习惯,指导学生合理利用时间。(中学生活泼好动、自控力较差,班主任应采取有效方式方法让学生自我管理,自我约束,形成班主任在与不在班级都能一个样,安静做作业,认真思考问题。当然每个班都有几个难以管束的学生,面对这种情况,班主任要下功夫培养好班干部,让他们能有正义感,有责任和担当,会管理,敢管理,有时学生自治管理比班主任管理还有效果。)

(3)关注薄弱学科,多巡视,多与任课教师联系,多找学生谈话,掌握班级纪律动态,发现问题及时处理。除非特殊情况,班主任一般不要占用课堂,就算有空堂课,多倾斜给薄弱学科。教育打的不是个人英雄战,而是团体战,一花独放不是春,万花齐放春满园,所以班主任首先得有全局意识,全面调控自己的班级。

三、课间:督安全、倡文明

(1)经常巡视班级学生课间休息情况,制止追逐打闹现象以及在教学区进行体育活动现象,杜绝危险动作,确保学生的安全。发现违纪行为要及时处理。

(2)教育学生养成文明行为,举止文明有礼貌,遵守公共秩序和社会公德,提醒学生见面打招呼、上下楼梯靠右行,不拥挤、注意安全。(设立安全委员、纪律委员,随时管理)

(3)指定专人管理班级电视和多媒体设备,不经班主任允许不准随意打开。

(4)了解班级公物保管状况,发现损坏及时调查和处理。

四、上操集会活动:点人数、看动作、严要求、督安全

(1)早操必须到场组织,督促学生排好队、做好广播操。检查出操人数,对缺席、违规者,必须采取措施,保证做操质量。

(2)要做好安全教育工作。

五、放学：多沟通、明状况、常引导

(1)关心和支持班级各级干部工作，建立班值日制度，坚持每天进行讲评，开展学生自我教育，树立正气，形成良好班风。

(2)注意培养和考查学生干部的工作能力，指导、监督学生干部的工作，提高其工作效率、责任意识，不包办，也不能全放。注意和处理好班级偶发事件。出现意外事故，班主任是第一责任人。

(3)及时批阅周记或班级日志，了解检查学生日常行为规范情况，及时纠正学生违纪行为；及时了解学校各项评比结果，采取措施，进一步整改。经常找问题生、学习困难生谈话，了解和掌握情况，以关爱为主，采取有效方法，做好转化工作。

(4)指导、检查班级卫生情况，确保教室地面干净、桌椅整洁、卫生工具摆放整齐。对没打扫的区域及时督促整改。及时纠正乱丢废弃物、桌面墙面乱涂乱画等问题。

(5)离开班级应指定专人负责关闭电灯和多媒体设备，锁好教室门窗，管理好班级财产，并做好督促检查工作。

(6)教育学生要文明、安全乘车，自觉排队，有序上车，不抢占座位，不拥挤嬉闹，谦让互谅，使用文明用语。骑自行车者要自觉遵守交通规则，注意交通安全；不载人、不走机动车道、不闯红灯。

六、组织、培养班集体

班集体不是自然而然形成的，需要班主任进行长期组织和培养。

（一）确立共同的奋斗目标、培养良好的班风

共同的目标是班集体形成和发展的动力。班主任在了解和研究学生的基础上，向全班学生提出明确的前进目标，并制订出有效措施，鼓励全班学生努力去实现奋斗目标，一个奋斗目标的实现，就可以巩固和发展班集体。一个优秀的班集体还应该有良好的班风，正确的舆论导向。为此，班主任必须培养良好的班风，而培养班风要从引导正确的舆论导向做起。班上有了正确的舆论导向，坏事在班上就得不到支持，就会很快被制止，学风、班风就可以得到巩固。

（二）选拔、培养和使用班干部

班主任首先注意选拔培养班级的积极分子,物色班干部,组成班委会,让学生初步学习自己管理自己。班干部定期轮换,让更多的学生有得到锻炼的机会,同时也培养学生既能当领导,又能被领导的适应能力。实践证明,班干部是班主任的好助手,正确选拔、培养和使用班干部,有利于班主任搞好班级工作。

七、做好个别学生的教育工作

班主任在组织学生开展集体活动的同时,要注意对学生进行个别教育。班集体中总有一些比较特殊的学生,他们或是学习差,或是性格孤僻,或是顽皮捣蛋,班主任必须做好这些特殊学生的教育工作。具体做法如下：

对于个别学生的教育,班主任应持正确的态度,思想上不要歧视,感情上不要厌恶,态度上不能粗暴。对后进生要一分为二,善于发现后进生身上的积极因素,特别是要注意培养后进生的自尊心和自信心,做到动之以情,晓之以理。

对特殊学生的教育工作要对症下药,教育特殊学生首先要找出特殊学生特殊的原因,有的学习成绩不理想,有很强的自卑感,性格孤僻,不合群；有的是精力过剩,人很聪明,而班级生活对他来说很不满足,在缺乏正确引导的情况下就会搞出"恶作剧"。总之,对特殊学生不能一概而论为差生,要区别对待,对症下药,因材施教。

八、强化德育意识

（一）深化爱国教育

规范每周一的升旗仪式,坚持国旗下讲话。充分发挥广播、黑板报、宣传橱窗等阵地的作用,加强对学生的"五爱"教育。充分利用德育基地以及丰富的人文资源进行爱国主义、集体主义、社会主义教育,大力弘扬民族精神,引导学生树立正确的人生观、世界观、价值观；充分发挥共青团组织作用,以重大节日、重要人物和重要纪念日为契机,通过丰富多彩的团组织活动,努力提高德育实效。

(二)狠抓养成教育

抓好学生的日常行为规范管理是加强校风建设的重要抓手。养成教育也是中小学德育的重要内容。继续推行教师护导值日、班级值周等制度,深入实施体验教育,充分发挥学生的主体作用。对各班的卫生、文明礼仪、纪律、两操、班容班貌等情况进行考核,每周公布"五项评比"得分情况,每周进行小结,考核优胜的班级颁发流动红旗。加强新学期学生日常行为规范"十不"的检查考核力度。通过指导、考核,确保常规工作持之以恒、抓细抓实。班主任从守纪律、站好队、做好操、扫好地、讲卫生、有礼貌等基础行为入手,狠抓常规管理,培养学生良好的行为习惯,逐步使学生从"要我这样做"转变为"我应该这样做",使良好的行为习惯内化为学生的自觉行动,确保学生行为规范、品德优良。

(三)渗透公民教育

以育人为根本,继续贯彻《新时代公民道德建设实施纲要》,把弘扬、培育民族精神和加强思想道德建设摆在重要位置。以为人民服务为核心、集体主义为原则、诚实守信为重点,可以开展类似"学习雷锋精神,弘扬道德规范,塑造诚信形象"等活动,促进学生基本道德观念的形成和文明习惯的养成。

(四)加强法制教育

继续采用"走出去、请进来"等形式,通过法制专题讲座、知识竞赛、师生演讲、参观展览等途径对学生进行《中华人民共和国未成年人保护法》《中华人民共和国预防未成年人犯罪法》为重点的法制教育系列活动,增强学生遵纪守法的自觉性和自我保护意识。建立后进生帮教制度,避免在校生违法犯罪行为的出现;同时继续组织实施学生国防知识教育。

(五)开展心理教育

心理健康教育是学校教育工作的一项重要内容,通过观察、谈话、问卷调查等形式了解学生的心理现状,在认真上好健康教育课的同时,班主任要加强对学生进行针对性的心理健康指导,及时矫正某些学生的畸形心理,增强学生的抗挫折能力和适应社会的能力。

（六）抓好主题教育

班主任要根据重大节日、纪念日开展主题教育活动,对学生进行爱国主义、集体主义、革命传统教育,开展诸如"行为规范宣传周""学雷锋、树新风""学习革命先烈,争做党的好孩子"等活动。

九、优化育人环境

（一）美化班级环境

每学期举行两次班容班貌建设评比活动,组织学生全员参与,主题要突出教育意义和人文关怀,培养学生的集体主义精神和动手能力。

（二）优化升旗仪式

坚持每周一的升旗仪式,国旗下讲话要求内容丰富,在保留传统的爱国、励志等内容的基础上力求同社会生活、时事政治和学校实际紧密联系,力求同学生的思想实际紧密结合。

（三）办好广播宣传节目

广播节目要求内容丰富多彩、形式多样,贴近校园生活。在内容的选择、组织上,要尽可能发挥学生的主体作用,让广播成为学生了解天下大事、校园新闻,以及学校进行爱国主义教育的重要途径。

十、发挥整合优势

（一）重视家校的密切联系

班主任每月家访一次,使家长能比较深入地了解学校、了解子女在校的学习情况,促进家长与家长间、家长与教师间的情感交流,进一步听取家长对学校班级管理和教育教学的意见。

(二)营造良好的社会教育环境

青少年的教育离不开社会大环境,班主任应通过开展综合实践活动培养学生的公民意识和社会责任感,大力开展学雷锋、环保等活动,形成齐抓共管、共同培育一代新人的局面,确保学生违法犯罪率为零。

十一、重视学科渗透

(一)挖掘渗透内容

德育要融入各学科教学之中,贯穿于教育教学的各个环节。音、体、美等学科也要结合学科特点,陶冶学生情操,提高学生心理素质,激发学生爱国主义情感,磨炼学生意志品质,培养学生团结协作和坚忍不拔的精神。

(二)优化学科教学

课堂是实施德育的主阵地,班主任要在教学目标、教学内容和教学方法诸方面渗透德育来优化课堂教学的全过程,继续认真上好晨会、班团活动课。

(三)开展实践活动

班主任要紧紧把握教改脉搏,通过一系列的活动发现和解决问题,发展学生实践能力和创造能力。

(四)加强德育科研

班主任要树立向科研质量要效益的现代意识,要认真学习有关教育科研理论的书籍并运用于德育实践研究,要认真做好学习笔记,针对新形势下的学生特点,进行分析研究,撰写有一定质量的教育论文,积极向报纸杂志投稿。

十二、注重学生责任意识的培养

由于人们生活条件的改善,家长对学生在学习、生活中的要求都不遗余力地满足,使学生中相当一部分人形成了唯我独尊的不良思想,这样的学生在学习、生活中养成了一种一味索取、依赖他人的心理,不关心他人,做事不考虑后果等坏习惯。班主任应当把培养学生的责任感放在教育学生的首要位置,使学生认识到做事不仅要对自己负责,而且要对他人负责,对社会负责。班主任可以从以下几个方面培养学生的责任感。

(一)利用主题班会、演讲等形式培养学生的责任感

在班级活动中,我们应当根据学生的思想动态和社会现象适时地开展主题班会和演讲,如"帮助别人,快乐自己""我为父母分忧"等活动。这类班会能使每一位同学都充分认识到在校不努力学习,立足社会不关心他人,唯利是图,是一种对父母、对老师、对自己、对社会不负责任的行为,重者会受到社会公众的指责,从而增强学生的社会责任感。

(二)通过英模人物事迹来充实学生的心灵

班主任可以适时地播放一些专题片,用英模人物崇高而伟大的精神来教育学生,感染学生,增强学生的责任感,使他们真正意识到作为一名学生,现在刻苦学习是自己分内的事情,是学生时代的主要任务,现在不努力,将来就无法担负起时代赋予他们的责任。

(三)从身边事做起培养责任感

班主任要结合社会实践活动,把培养学生的责任感体现在具体的行动上,如参加义务劳动、照顾需要帮助的人、捐款救灾等,让学生从平凡的身边事受到教育,启发他们把责任感与脚踏实地的行动结合起来,使学生懂得做任何事不仅要对自己负责,还要对他人和社会负责。

十三、加强学生心理健康的引导

课程改革一个重要的理念是以人为本,目的是"为了学生的一切"和"为了一切学生"。现代社会纷繁复杂,竞争激烈,在这种情况下学生很容易产生心理压力;况且现在的大多数学生又是独生子女,他们在家庭中过分受宠爱,吃不得苦,受不得累;再者由于学生的生理、心理特点所决定,学生在中学时期容易产生心理问题。这就要求班主任在关心学生时,要根据学生的具体情况对学生进行正确的引导,关注学生的精神世界,使他

们树立正确的人生观,树立切实的人生目标,使他们学会面对现实,勇于克服困难和战胜困难。要培养学生的健康心理,班主任要做到以下几点:

(一)重视学生心理的调查研究,了解学生的心理状态

班主任要想有效地开展心理健康教育,就必须重视调查研究,可以通过观察、谈心、问卷等方法,掌握当前中学生的学习方法、人际关系、情感情结、行为习惯等方面的现状和存在的主要问题,也可以组织老师、学生、任课教师、家长进行座谈,了解中学生容易产生的心理障碍和他们的心理需要,以便有的放矢地开展心理健康教育。

(二)寓心理健康教育于教学活动中,发挥教学的教育效应

班主任和任课教师要在平常的教育教学活动中注重学生的心理健康训练,还要时时处处尊重学生的人格与个性差异,建立民主平等的师生关系,促进师生相互交流,使学生树立起自信心和自尊心,这样有利于学生的心理健康发展。

(三)适当开设心理健康讲座

班主任要多搜集心理健康方面的材料,可以利用班会课和德育课适当地为学生做心理健康教育讲座,最好通过案例的形式进行教育,使他们从各种案例中悟出道理,受到启发。讲座的内容和形式要符合学生的实际,如学习方法的指导和战胜挫折、人际交往、生理卫生保健、自我调节等方面的内容。班主任要结合学生思想实际开展心理咨询活动,教给学生如何适应环境、认识青春期心理、正确对待交往和恋爱等知识,允许学生向老师当面询问或书面提问,比如写周记的形式。班主任还可以设立"心理咨询信箱",定期开展咨询活动,将集体心理健康教育与个别心理辅导有机结合起来。

第三节 班主任责任心和要求

一、班主任工作需要强烈的责任心

（一）责任心是班主任工作的原动力，是做好班主任工作的关键

责任心是任何事业能够获得成功的一种宝贵品质，促使人追求工作尽善尽美，因而能够使人创造性地开展工作，出类拔萃地完成任务。一般说来，班主任对学生的学习、生活乃至未来的影响，是任何一位普通任课教师都无法企及的。正因为这项工作的重要性，班主任需要具有科学的工作方法、较强的管理能力和较高的教育艺术水平。班主任要传道，要授业，还要解惑，每一方面都要付出心血，丝毫马虎不得。班主任之所以在学生中有着高尚的形象，就在于他们能言传身教，身体力行，时时处处引导学生，关心帮助每一位学生。

（二）班主任的责任心增强班级荣誉感和凝聚力

班主任是学校与学生之间的桥梁，是全班学生的组织者和管理者，班主任的责任心体现在上对学校负责，下对学生负责两个方面，对班主任工作负责就能充分发挥好桥梁与纽带作用，认真落实学校的各项活动，保证学校布置的各项工作能够迅速及时、准确无误，畅通无阻地传达到班级，并积极带领全班同学，通过各种教育手段，使学校各项工作得到很好的落实，并取得良好的成绩，增强班级荣誉感和凝聚力。每一年的运动会是提升学生的荣誉感和班级凝聚力的最好途径，尤其对于刚入校的学生。

（三）班主任的责任心特别体现在细微和琐碎之处

作为班主任，一定要抱着一颗责任心，经常深入学生，了解关心每一位学生，及时掌握学生的思想动态，通过日常的学习和工作，在思想上对学生进行有针对性的教育和引导，帮助学生树立正确的观念。

二、班主任责任心在班级管理中体现

(一)班级管理责任意识的增强

班主任无论什么时候都要注意自己的形象,在学生面前要有理有节,以理服人,公平对待,言行得体,为人师表,在家长面前要能以负责的态度应对各种情况,接受家长的监督,接纳家长的批评和建议,加强班荣我荣的观念。

(二)班级制度的建立和完善

班主任对学生的管理尽量做到没有疏漏,班内建立完善的管理和考评制度,对学生的日常考核进行量化,由专人负责,将工作细化并落实到每一位学生,并采取激励措施,做到奖惩公正公平。

(三)学生良好习惯的养成

解决问题要彻底,要抓住不放,落到实处,对问题学生、不良现象的批评教育要坚持到底,如进教室往往先看地面是否干净、窗户是否打开、桌子是否对齐、学生是否精神。坚持不懈,学生便养成了良好习惯。

(四)对学生的关心爱护

爱的力量是无穷的,班主任工作离不开对学生的爱,在思想上爱护他们,生活上关心他们,学习上帮助他们,但在爱的同时又要注意不能溺爱。班主任应以爱动其心,以严导其行,用爱的教育来打动学生的内心,用严格要求来指导学生的行动,两者密切结合,在尊重、信任、理解学生的基础上,对学生进行思想品德教育。

(五)坚持不懈地引导和培养

一个优秀班集体的形成,需要班主任的引导和培养。在班会上班主任要不断地向学生讲理想、讲道德、讲互助精神,引导他们学好文化课。这种教育应不怕啰嗦,反复地灌输,在学生头脑中自然而然地形成一种理念,在班级中形成一种积极向上的风气。

(六)下苦功夫,转变后进生

班主任的过硬本领就体现在能转变差生为优生。个别"问题"学生,他们的不良习惯给班级建设带来了障碍。为了转化这些后进生,班主任应该以极大的热情和爱心去做他们的思想工作。例如,某个同学,上课睡觉,成绩特别差,作业不能按时完成,甚至一些学生都不愿意和他坐一起,长期以来一直受到冷落,但这位同学特别爱画画,班里的板报、海报经常是该同学勇担大任,班主任就应该多次在班会上给予他鼓励与表扬,发动同学们帮助该生,同时加强与其家长的联系,取得他们的支持,有效建立该生的自信心,提升学生成绩,自然而然他也不再是大家眼中的"问题"学生了。

三、班主任责任心在与学生心与心的交流中升华

(一)管理要与时俱进

班主任工作,看上去很累,但有苦也有乐。班主任要在学习与实践中不断改进自己的工作,用一名师范生的话来说就是,"我能不断地根据班级情况调整管理方法"。为了全面增强学生的体质,可以带学生坚持晨跑;为了让学生留住美好的少年时代,鼓励大部分人坚持写日记;为了培养学生的劳动意识,要求学生每天都要干一点家务;为了提高学生积极竞争的决心,班级可以采用综合考评的方式,加星加分的方法,使学生在争分争星的基础上养成习惯,学会自强。

(二)塑德胜于授业

班主任在对待学生上应该做到既亲又严,公平公正,言必行,行必果,重视育人,言传身教。没有良好的品行,其他才华与能力都无从谈起。比如拟订一个班训:"净静敬竞,精进!"几个同音字概括了对学生日常行为的要求:环境要干净,行动要安静,同学要互敬,学习要竞争,事事精益求精,才能不断进步。为了养成学生良好的行为习惯,班主任可以进行晨谈教育,一般可以先由前一天负责管理的同学总结前一天各方面的班级情况,而后其他同学作补充,接下来便是班主任就某一点或几点展开细致而深入的阐述。为了做好这个工作,班主任可以每天关注新闻时事,掌握大量的话题素材,了解班内的有关情况,将问题讲深讲透讲明。例如谈到小摊贩问题时,可以总结三个方面:第一,食品

卫生令人担忧,各种污染物和添加剂、激素等给学生带来危害;第二,一些摸彩游戏、卡片、玩具给学生的学习和生活带来隐患;第三,情色动漫正在浸润污染着学生健康的心灵。班主任在讲述中利用新闻、现实中的事实、有关数据进行深入浅出的阐述,学生都能接受。

(三)关注学生的全面发展

为了给学生的行为自始至终以规范和提醒,并不断改善,可以采用综合评价的方法,即对学生的日常行为的各个方面进行量化考核,每星期加以总结,每学期进行纵向和横向地比较个人的综合素质。如课堂上任何一个任课老师都可以对表现出色的学生加分;平时的卫生、秩序能按时完成的学生可以加分;积极参加班级活动的学生可以加分;主动维护公共利益的学生可以加分;运动会、各类学科或技能比赛中为班级争得荣誉的可以加分;各方面表现出色的也可以加分。

(四)为学生留下每一个美好瞬间

老师的千言万语,最后可能随着时间的流逝而被学生遗忘,而那些他们自己亲身经历、参与过的活动不论成功失败、美丽忧伤都会给他们留下不可磨灭的印象,这就是活动的魅力,所以,班主任应该注重每一次活动。例如:组织一些班队活动,班主任先示范班队活动的开展过程和程序,并让学生对一些内容要求有初步的了解,在这个过程中让几名学生参与设计。其后,则逐渐放手让学生来搞活动,活动前对学生进行指导帮助,让学生在一次次失败中进行总结反思,在这些活动中得到较好的锻炼。学生能将每星期的班会课组织得有声有色、趣味盎然,在欢笑中记住一个个美好的瞬间。

第四节　班主任工作训练和操作

一、班主任工作技能实训

(一)讨论

(1)你认为新时期合格的班主任是什么样的?

(2)班主任应当怎样做到尊重学生的主体性?

(3)作为一名师范生,怎样提高班主任素养?

(二)班主任行为训练

1.班主任意识训练(放松训练)

(1)默念自我暗示语:我是班主任,我相信自己,我很平静;我不费吹灰之力就能讲得有声有色;学生拥护我,尊重我,爱戴我;学生喜欢听我上课和讲话,下一节课学生会更喜欢;我心情愉快,充满力量;我喜欢班主任工作,我是一个优秀的班主任。

(2)班主任演说:在全班同学面前谈谈我的班主任工作思路、计划,怎样与学生建立良好关系。

2.语言表现力训练

(1)呼吸训练(腹式):闻鲜花、吹蜡烛、深长呼气(不间断发音训练)。

(2)发音训练:有力、柔和、响亮、节奏富于变化。

(3)语言表现力训练:

①重音节训练:我们 班 今天 纪律 很好。

②语气训练:到这里来——命令的、表扬的、批评的、请求的、不耐烦的。

③情绪训练:

A.同学们好——惶恐的、高兴的、威严的、指责的、惊喜的、庄重的、不满的、讥讽的、无所谓的。

B.我们班在比赛中获得第一名——胜利的喜悦、冷静地确认、友好、不经心、不快。

C.打开书——严格要求、号召行动、充满趣味、惊奇、气愤、调皮。

3.控制机体训练

(1)表情与注意力训练:以给人想象力的表情和目光,扫视全班两遍,指出学生中存在的新现象、问题、疑点,提出对策。扫视路线:逆时针——前排——右侧从前至后——后排——左侧从后至前——中间从前至后。

(2)走动训练:

①手拿班级日志走进教室——注意表情、步态等。

②在教室里走动——注意自己的服饰、卫生,步行速度,目光,表情;注意教室地面、墙壁、桌椅、打扫卫生的工具、黑板等公物是否有问题;注意缺席、调位学生;注意学生非学习活动;注意学生之间关系,观察特殊个体。

③无声地、姿态优美轻松地从坐姿变为站立姿势,走到前排面对全班。

4.记忆力训练

写一张有50名学生姓名、性别和相应座位的纸片,交给同伴,给其5分钟记忆时间,看谁记得多、记得准确。

写一篇20分钟的班会发言提纲,修改后,凭记忆复述出来。

二、班级管理技能训练

(一)简述班主任工作计划与总结写作要点

(1)计划正文:班级基本情况概述,存在问题分析,班级工作目标,班级任务表,实施办法。

(2)总结正文:工作概述、成绩与经验、问题与教训,努力方向。

(3)专项总结:专项活动目的、开展时间、开展基本情况(过程)、成绩、存在问题及原因、经验与体会。

(二)班风建设训练

(1)根据下述情景,设计一个主题班会方案,并写出班主任发言稿。

素材:入校不久,班主任杜老师发现不少学生在使用零用钱上很大方,部分人有追求吃穿苗头,常有互相请客吃饭等现象,为把学生精力引导到健康发展和学习上,且形成勤俭朴素的生活作风,班主任拟召开一次主题班会,以扭转班级风气。

(2)素材:某中学八年级(1)班下学期,原班主任因工作调动离职,语文教师张某接替。张老师经观察发现,该班纪律松散,缺少班级活动,而且小团体比较多,班干部作用没有正常发挥。全班入学成绩较好,但目前一般。经了解,张老师判断,出现上述现象是班主任调动、更换造成的。

根据上述材料思考:①班主任接班应当做哪些准备工作?②该班学生特点是什么?③为扭转班级整体风气,张老师应做好哪些工作?

(三)社会实践活动训练

素材:某市一中八年级(4)班共有学生50人,其中只有7名学生会做饭,4名学生缝过纽扣、书包之类,10个个学生会叠被子,但每天叠被子的人只有三名。大部分不会洗衣服,不做家务。为了提高全班自理能力,班主任经征求家长意见,决定一个月以后举办一次自我服务项目比赛。

请帮助班主任设计活动方案,并对学生日常自我服务训练提出要求。

(四)偶发、突发事件处理训练

素材:七年级(3)班第三节是数学课,任课教师小王是刚参加工作的新教师。当小王走进教室门时,发现学生大都面带微笑,以某种目光注视着他,并有窃窃私语:"像,太像了!"原来,干净的黑板中间,有一幅粉笔漫画,鼻梁上架一副大眼镜,左手拿三角板,右手拿圆规,旁边还有一行歪歪扭扭的字:"数学课。"这分明是献给王老师的杰作。

小王将此情况反映给了班主任,请帮助班主任提出处理办法。

(五)新生班与毕业班工作训练

(1)素材:某乡镇中学七年级(1)班新生入校。按学校要求,班主任应做好新生入校后适应期教育,使他们适应新的环境、新的人际关系、新的学习生活,并利用好各个节假日,安排丰富多彩的活动。

请围绕该班工作,拟订班主任年度工作计划。

(2)素材:九年级(6)班第二学期开学不久,出现了一些不良苗头,有的同学只顾学习,不愿参加班级和学校组织的活动;有的同学不讲卫生,乱扔纸屑;有的学生因快毕业,不服从班干部管理,一些班干部也不再积极工作;有的同学拉帮结派,惹是生非,欺压低年级学生,发泄以往不满;有的同学感到升学无望,放弃学习,迟到早退,结交社会青年;还有少数学生破坏学校和班级公共财物。

面对这种情况,班主任决定以"留给母校的记忆"为题,召开一次主题班会,目的是让同学们坚持站好最后一班岗,善始善终,以积极面貌迎接升学、离校,顺利毕业。请据此设计一次主题班会方案。

三、个别学生工作与社会关系处理技能训练

(1)素材:开学不久,八年级(1)班转来一名叫王二的男生。王二小时患过小儿麻痹症,导致一条腿伤残,走路略跛。由于生理缺陷,他最忌讳别人说他"瘸子"。一日,他走过正在写作业的调皮鬼刘四身边时,不小心碰了他一下,影响了他写字。刘四大声喊:"瘸将军,注意行为规范,好好练练走路。"结果,激怒了王二,二人扭打起来。

班主任应当怎样处理这件事?

(2)素材:某校八年级(5)班学生王五,喜欢背着老师欺负同学,模仿老师走路,还强迫其他弱小同学给他带零食、交零用钱。有的同学被他欺负得不敢来上学。据学生反映,王五的父亲是副乡长,没人敢惹他。因此,班上学生对王五敢怒不敢言,家长对此事也很不满。

请代班主任设计出解决问题的教育方案。

(3)阅读下列材料,讨论:教师应当怎样处理好家庭、同事、家长、上下级关系。

成绩单带来的连锁烦恼

考试、阅卷、统计……大家盼望已久的成绩单终于亮相。有的欢欣,有的丧气。

晚上刚端起饭碗,一位家长的电话就打了进来:"我孩子的语文成绩这次怎么只有48分啊!"口气中满是责备。我只好耐心地解释说:"自己刚接这个班级,对学生还不太了解;再有,父亲病危,自己请假了十多天,耽误了课,假满返校,刚上一个月的课,父亲去世,自己又请假十多天;其他老师代课也难免让学生课程衔接得不太好;这次学生成绩不好,责任全在我自己。"

家长挂了电话,我也没了胃口,心中对父亲、对学生都满是愧疚。我匆匆忙忙处理完丧事,就赶着去上课,接着就是期中考试,自己教的两个班级语文平均成绩比别的班级低了十多分。自己没尽到职,愧对学生!

第二天在学校,我正在备课,校长要我到他办公室去一趟。推门而入,校长一脸严

肃，一字一顿地询问道："你在校外办班没有？你有没有私带学生？"我诚惶诚恐地说："没有！"我想，自己哪有时间办班带学生啊。校长看着我语重心长地说："学生反映你上课匆匆忙忙的，备课好像不充分。"校长瞟我一眼，手里端着茶杯，"还有，这次期中考试的范围，学生反映说你也没告诉他们。"最后，校长冷冷地对我说："你去跟学生解释一下，回去吧。"我连连答应校长，狼狈地退出校长办公室。

晚上到年级组办公室，刚坐下来要备课，其中一个班主任坐到我身边："某老师，我们班某某学生数理化都很好，这次语文不及格。要是语文成绩好一点，他的综合成绩就上个台阶。"她虽然没责备我，说话也很委婉，我还是听出来了，语文成绩拖了她班级的后腿，让她在学校和家长面前很没面子。我一听，只好赶快解释和检讨。

我想，年级主任还没找我呢……

参考文献

[1]胡淑珍.教学技能[M].长沙:湖南师范大学出版社,2016.

[2]张良.师范生教学设计技能分析与训练[J].大庆师范学院学报,2013,33(6).

[3]董子蓉.新课程教学设计理论及教师教学设计技能的培养[J].龙岩学院学报,2011,29(2).

[4]张定强,蒋会兵.教师教学设计技能提升的策略分析[J].教育理论与实践,2015,35(14).

[5]林红梁.教师技能之教学设计的几点思考[J].考试周刊,2016(19).

[6]夏晓烨.中学生物教学设计的策略及分析[J].学科教育,1999(9).

[7]王书识.优化生物教学设计 提高生物课堂效率[J].中学生物学,2010,26(11).

[8]许丽萍.新课改下的生物教学设计[J].山西师范大学学报(自然科学版),2011,25(S1).

[9]吕寿成.生物教学设计与课堂教学效率的探讨[J].商情(科学教育家),2008(6).

[10]张丰华,孙香娟.板书在青年教师培养中的作用[J].成都中医药大学学报(教育科学版),2010,12(S1).

[11]吴明彩,毕富勇.多媒体技术与板书结合在生物化学教学中的应用[J].中国医学教育技术,2006,20(6).

[12]卞鸿巍,王荣颖,马恒.多媒体与板书在课堂教学中优化结合方法探讨[J].教育教学论坛,2014(39).

[13]冯丽.师范生教师职业技能存在的问题及对策研究[J].太原城市职业技术学院学报,2013(1).

[14]曹长德.教师专业化与教师职业技能训练[J].当代教师教育,2008,1(3).

[15]尹合栋,李威,江净帆.刍议师范生教师职业技能内涵[J].重庆第二师范学院学报,2017,30(3).

[16]李镕灵,杨小华,黄惠妮.新课标下师范生的教师职业技能培养情况研究[J].西部素质教育,2019,5(8).

［17］丁毅.理科教学中板书设计与实施［J］.沈阳教育学院学报,2006,8(1).

［18］杨梦莹.浅谈多媒体技术与传统板书教学的有机结合［J］.教育教学论坛,2017(51).

［19］苏舒.直观教学中板书与多媒体的有效结合——浅谈板书在运动员英语学习中的重要性［J］.南京体育学院学报(自然科学版),2011,10(5).

［20］刘芳芳.近十年课堂管理行为研究综述［J］.黑河学院学报,2017,8(12).

［21］张小立,刘芳,孙礼武,等.课堂的组织管理浅谈［J］.科技文汇,2015(327).

［22］侯玉桃.美国中学课堂管理研究述评［J］.甘肃科技纵横,2012,41(3).

［23］欧俊瑛,金玉梅.新教师课堂管理的困惑与策略［J］.新课程研究(教师教育),2010(187).

［24］孙潇.新课程的课堂组织管理［J］.林区教学,2012(2).

［25］陈鸿雁.新课程下教师有效课堂管理探析［J］.齐齐哈尔师范高等专科学校学报,2012(1).

［26］李琛.让"说课"走进教学［J］.职业技术教育(教科版),2001,22(28).

［27］方帅军,杜召凤.浅谈新课改理念下的生物学说课［J］.阜阳师范学院学报(自然科学版),2006,23(3).

［28］马银成.浅析师范生教育中的说课技能［J］.文学教育(上),2015(5).

［29］薛美荣.探讨新课程下的创新说课［J］.时代教育(教育教学),2010(3).

［30］何宏晔.从听课中引发的探索性思考［J］.科教文汇,2014(285).

［31］胡燕,樊允浩,李影,等.近十年来关于听课、评课研究的相关综述［J］.创新与创业教育,2010,1(5).

［32］林成家.立足课改 重建听课评课新理念［J］.福建教育学院学报,2012(2).

［33］吴琴.在课程改革背景下的同行评课分析［J］.教育教学论坛,2013(28).

［34］李扣梅.对生物课堂教学的导入技能的研究［J］.考试周刊,2019(17).

［35］李隆晓.对生物课堂教学中导入技能的思考［J］.中学生物教学,2017(9).

［36］刘广斌.微格教学对师范生导入技能形成的影响［J］.林区教学,2018(07).

［37］蒋法秀,何英姿.应用微格教学提高生物师范生的课堂导入技能［J］.中学生物教学,2017(8).

［38］梅云霞.试论师范生教学语言技能的训练［J］.江苏教育学院学报(社会科学),2010,26(3).

[39]谢玉梅.新课程下教学语言运用的技能[J].新课程导学,2013(27).

[40]张正玲.结束技能在生物课堂教学中的有效运用[J].考试周刊,2012(41).

[41]鲁献蓉.对新的课程改革背景下课堂提问技能的思考[J].课程·教材·教法,2002(10).

[42]王丽.高中生物课堂教学中提问技能浅谈[J].中学生物教学,2008(07).

[43]黄文成.浅谈教师课堂提问的技能[J].读与写,2013,10(10).

[44]翁红阳.生物教学中的提问技能[J].新课程学习(中),2013(8).

[45]袁红英.提高教师课堂提问技能的尝试[J].散文百家,2016(9).

[46]王少燕.中学生物教学中提问技能的运用[J].考试周刊,2011(43).

[47]汪永刚.教师的体态语与课堂教学[J].徐州教育学院学报,2003,18(4).

[48]杨俊伟.教师体态语在矫正学生课堂不当行为中的运用[J].现代教育科学·中学教师,2012(3).

[49]王利娟.谈教师的体态语及在课堂教学中的运用[J].现代教育科学,2009(4).

[50]陈云.运用体态语激活课堂教学[J].读与写,2008(7).

[51]沈杰.体态语在课堂教学中的运用[J].读与写,2013(9).

[52]翁红阳.生物教学中演示的技能[J].中学生物教学,2015(12).

[53]林月姣,姚蕊,王芹磊,等.微格教学中提高师范生演示技能的研究[J].西部素质教育,2017,3(14).

[54]陈宇.班主任工作十讲[M].北京:教育科学出版社,2014.

[55]魏书生.班主任工作漫谈[M].桂林:漓江出版社,2020.

[56]张万祥.给年轻班主任的建议[M].上海:华东师范大学出版社,2006.